勝ち続ける投資家になるための

株価予測の技術
決定版

伊藤 智洋
TOSHIHIRO ITO

METHOD OF THE ULTIMATE STOCK PRICES PREDICTION

日本実業出版社

● はじめに

　株式投資で勝つためには、安く買って高く売るか、高く売って安く買い戻すことによって差益を得る必要があります（配当や株主優待だけが目的の場合、値動きと関係ないので、ここには含めていません）。

　株式投資のノウハウ書には、企業のファンダメンタルズを解説したもの、チャートなどテクニカル分析を解説したものがありますが、いずれも最終的な目的は「それで株価はいつどうなるのか」を知りたいということです。

　本書では、一般的な教科書のように、テクニカルとファンダメンタルズで分析を区別することなく、株価の動きの主因を探り、「それで株価はいつどうなるのか」という部分に徹底して注目して書いています。日々さまざまな材料が株式市場を賑わせていますが、株価が上下する根っこになっている理由は単純です。本書を読めば、初心者でも迷いのない投資を実行できるようになります。

　たとえば、企業業績だけに注目していても、それで株価がどうなるのかはわかりませんし、チャートのフォーメーションなどテクニカル分析だけを細かく見ていても、実際にトレードしてみると、そのとおりにはいかないことが多いのを痛感することでしょう。

　株価の動きは、究極的には株式市場における売買の需給関係で決まりますが、さまざまな要因からその強弱や

タイミングを予測することは可能です。本書を読み進めていくと、株式市場における大きな資金の流れを読むことから始まり、最後は個別銘柄の値動きの背後にある市場参加者の思惑とそれに裏付けられた値動きをとらえるに至るまで、「株価を予測する」ために考えるべきことが、順序立てて体系的にわかるようになっています。

　株価がどうして上下を繰り返しているのか、銘柄によってどのような動き方の違いがあるのかがわかれば、具体的に何をいつ売買すべきかがわかります。

　株式市場は、それぞれの企業の価値が評価されて株価が形成される場所である一方、投機が市場全体の資金の増減の事情を利用して、その振れ幅を大きくして、利益を得ていることも歴然とした事実です。

　そのため、個々の銘柄に歪みが発生します。売上、利益を順調に伸ばしている銘柄は、市場全体が弱気に推移している場面であっても、積極的に手放す人があまり出てこないので、大きく下げる動きになり難いといえます。一方、日経平均採用銘柄の場合、売上、利益が順調に伸びていても、市場全体が弱気に推移する場面では、市場全体の流れに合わせて、大きく下値を掘り下げる動きになってしまいます。

　このような日経平均株価の振れに積極的に乗る市場参加者がつくり出す歪みは、値幅で利益を得たい人たちだけでなく、期間を区切らないで投資しようと考える方でも、最初の有効な仕掛けのポイントになります。

　以上の大前提を踏まえて、本書では、期間を区切らな

い投資と、期間を区切った投機を区別して、それぞれの見るべきポイントを紹介しています。

●期間を区切らず企業の成長に期待した投資

　成長を期待した投資では、起業した年数が浅く、事業規模が小さいほうが、将来的な期待値が高くなりますが、期待どおりの経緯を辿る確率が下がります。また、事業規模が小さければ、それだけ、その業種の成長性よりも、社長個人の資質に重きが置かれます。

　シンプルにいえば、好業績を続けて一株あたりの利益が増えてくれば、株価は必然的に上がります（いつどれだけ上がるかはわかりません）。

　企業の成長に期待した投資に、本来はテクニカル分析など必要ありません。

　一方、その対象が日経平均採用銘柄であれば、投機のつくり出す株価の振れや市場全体への資金の入り方が季節ごとに異なることによる株価の振れを考慮しておくと、効率よく投資することができます。

●一定期間の目標額を想定した投資

　期間を区切る取引では、企業の業績で銘柄を選ぶというより、定番の銘柄で、毎年、同じ時期に似た値動きを繰り返しているということのほうが重要になります。したがって、季節性による株価の上げ下げを判断したり、ローソク足チャートのパターンを判断したりするテクニカル分析が、より有用になります。

　銘柄ごとの値動きを見ていくと、上げやすい、下げや

すい動きになっている場所がありますが、東京証券取引所には、何千という銘柄が上場しています。同じときに動きやすい複数の銘柄が存在している場合、どれを選択すればいいのでしょうか。

　本書では数多くの銘柄を選ぶ際、読者のみなさまの目的に合った有効な銘柄を選ぶことができるように、その基準になるものを明示しています。本書を株式市場での銘柄選びの基本書としていただければ幸いです。

　なお、本書は、シグマベイスキャピタル株式会社が運営している「eラーニング講座」のなかの「テクニカル・ファンダメンタルズ　コンビネーション分析コース」の授業用の教科書をベースに、内容を再構成するとともに、新たな情報やデータも加えて、より一般向けに執筆し直したものです。

　eラーニング講座の授業では、各章のポイントを動画（5時間40分）で詳しく解説していますから、本書を読み、同講座を受講していただければ、一層成果が高まると思います。

　多くの個人投資家が、本書によって投資成果を高めることができれば、これに勝る喜びはありません。

2018年11月

伊藤智洋

本書のポイント

●株式投資のスタンスによる違いとは?

①利益を確定する期限を考えていない
→倒産せずに安定した配当がある企業に投資する（自己資本比率、流動比率、キャッシュフロー、ROE、ROA、売上利益率などを確認）
→大幅な差益を期待して、成長する企業に投資する（売上高の推移、利益の推移、ROE、ROAなどを確認）

②1年程度の期間で、なるべく大きな値動きに乗って利益を得たい
→日経平均先物をトレード、あるいは日経平均採用銘柄（とりわけ寄与度の高い値がさ株）を中心としてトレード

●政策による資金の流れの見極め方とは?

①積極財政、金融緩和
→市場全体が上向き、売上高・利益が伸びている日経平均採用銘柄の上げ幅がより拡大しやすい

②緊縮財政、金融引き締め
→市場全体が下向き、売上高・利益が下がっている日経平均採用銘柄の下げ幅がより拡大

●政策による資金の流れと最適な投資時期とは?

①積極財政、金融緩和
→市場全体が上向きのため、押し目買い。翌年へ向けた上昇が期待できる状況なら、9〜12月の期間での押し目買い

②緊縮財政、金融引き締め
→市場全体が下向きのため、積極的な下げがあらわれやすい。3〜6月までの期間での戻り売り。7〜10月にかけて下げ幅が拡大しやすい

●期待できる利益の幅とは?

①期間を区切らない、成長を期待した取引
→長く見守ることができれば、どこかで株価が跳ねて、別次元の値位置になる可能性がある

②期間を区切る取引
→毎年繰り返される1年間の株価変化のなかで、最も短い値幅(似た値位置での比較になる)の利益を期待(うまくいけば、近い値位置での平均的な変動幅の範囲の利益が得られるという考え方)

●全体相場（日経平均）の年間の強弱を大まかに知る方法とは？

①年間が強気に推移する場合
→年の後半に翌年へ向けた上昇局面があらわれるため、年末へ向けて一段高となる

②年間が弱気に推移する場合
→6月頃までにその年の材料出尽くしとなり、4〜6月頃の高値を超えられず、翌年の動向が意識される10月頃まで、下値を掘り下げる動きになる

●期間を区切る場合の期間の考え方とは？

①長期の目安が半年から1年程度の理由
→翌年度の政策がわからない状況で、翌年度の展開を事前に想定できない

②中期と短期の期間の違い
→短期的な動きとは、多くの市場参加者が利益を得ることを目的として積極的になっている動きが継続する期間で、その動きが1か月以上続くこともある。
中期的な動きとは、経済活動による資金移動の事情から、毎年特定の時期にそうなってしまう可能性のある期間を指している

●株価予測に不可欠な３種類の調整の違いとは？

①小幅調整 —— 市場参加者の積極性が継続している状況での調整

→値幅の大きさではなく、短い期間で終わること、ジグザグにならないことが重要

②一般的な調整 —— 市場参加者が一時的に様子見になるが、きっかけを待っている状況での調整

→一定の流れができている場面で以前にあらわれた調整の値幅が重要になる。小幅調整は押し目、戻りをつけるための下値堅さ、上値の重さを確認する作業を必要としないが、こちらの調整は下値堅さ、上値の重さを示す動きがあらわれる可能性があると見る

③季節的な調整 —— 年間の資金の流れによる相場の積極性が失われる時期

→大勢上昇場面で、弱気傾向のある時期にあらわれる調整。大勢下降局面で、強気傾向のある時期にあらわれる調整。大勢の方向と同じ向きになる次の上げやすい時期、下げやすい時期が意識される過程で、押し目、戻りをつける

勝ち続ける投資家になるための株価予測の技術［決定版］ ● 目次

● はじめに

PART 1
株価予測の方法は「投資」と「投機」で異なる

1-1 時間に制約があるか否かで株価予測の方法は変わる …… 016
1-2 企業の成長に期待した投資は期間を区切らない仕掛けになる …… 018
1-3 イメージを確立できた企業の株は安定的に利益を得られる …… 022
1-4 10年も待たずに儲けたいという人が大半 …… 025
1-5 株価が上昇することを予測する場合の2つの視点 …… 028
1-6 投機目線でみる場合のポイントはボラティリティ …… 030
1-7 投機資金はこうやって動いている …… 032
1-8 株価が上がりやすい時期とそうでない時期 …… 036

PART 1 のポイント …… 039

PART 2
時間に制限のない「投資」で押さえておくべきポイント

2-1 株価には理論値などない、人気次第で値段が決まる …… 042

COLUMN 上場企業は「人気」を集めるために努力している …… 045
2-2 「売上高の増加傾向」は長期的に株価を押し上げる …… 046
2-3 日経平均採用銘柄の株価は先物と連動することに注意 …… 059
PART 2 のポイント …… 063

PART 3

日経平均が振れ幅の大きな上昇、下降を繰り返す理由

3-1 日経平均の上昇、下降は政策によってつくられている …… 066
3-2 日経平均の上げ下げと政策との関係 …… 069
3-3 日経225先物は投機の対象となっている …… 081
3-4 日経平均の年間の平均変動幅はどれぐらいか？ …… 085
PART 3 のポイント …… 088

PART 4

日経平均の1年間の動き方

4-1 投機の最も長い予測期間は1年程度 …… 090
4-2 投機は動きやすい時期に年間の変動幅を取りにくる …… 092
4-3 日経平均の1年間の値動きのパターン …… 103
4-4 日経平均が強気パターンの年の展開 …… 107
4-5 日経平均が弱気パターンの年の展開 …… 110
4-6 日経平均が横ばい・転換パターンの年の展開 …… 113

PART 4 のポイント …… 115

PART 5
日経平均の動きと採用銘柄の値動きの関係

5-1 日経平均と採用銘柄と非採用銘柄の値動きは分けて考える
　　 …… 118
5-2 日経平均と採用銘柄の関係 …… 121
5-3 採用銘柄の値位置でみる日経平均の上げ余地、下げ余地 …… 131
PART 5 のポイント …… 136

PART 6
長期、中期、短期の期間の考え方

6-1 長期の予測は1年間の市場全体の方向 …… 138
6-2 中期は季節ごとの値動きの違い …… 143
6-3 短期ははっきりとした一定の値動きの流れが継続している期間
　　 …… 145
6-4 ファンダメンタルズ分析とテクニカル分析 …… 149
6-5 サイクルができる理由 …… 151
PART 6 のポイント …… 154

PART 7
短期の市場参加者がつくり出す一定のパターン

7-1 短期の値動きを予測できる理由 …… 156
7-2 短期の値動きが転換したことを判断できるパターン …… 160
7-3 短期の値動きが継続することを判断できるパターン …… 164
7-4 利益が出ないことを許容できる期間の目安とは …… 168
7-5 短期の値動きが継続するかを判断する優先順位は？ …… 172
PART 7 のポイント …… 175

PART 8
3通りの調整パターンと一定の値動きの流れの基本型

8-1 3通りの調整とは …… 178
8-2 「通常の調整」の値動きのパターン …… 181
8-3 「通常の調整」の長さはどれぐらいか？ …… 186
8-4 通常の調整の値幅の目安はどれぐらいか？ …… 188
8-5 「小幅調整」と「通常の調整」の違いは日柄 …… 190
8-6 「通常の調整」と「時間待ちの調整」の違い …… 192
8-7 一定の値動きの流れの基本型 …… 194
PART 8 のポイント …… 197

PART 9
ローソク足の定形パターンを補足するテクニカル指標

9-1 移動平均線とは？ …… 200
9-2 ローソク足の定形パターンと移動平均線の組み合わせ方 …… 202
9-3 オシレーター系指標とは？ …… 208
9-4 相対力指数(RSI)とは …… 211
9-5 相対力指数(RSI)に注目したい時期がある …… 213
PART 9 のポイント …… 216

PART 10
市場全体の季節性による上げ下げと個別銘柄の動き方

10-1 銘柄ごとに季節性がある …… 218
10-2 季節性を利用するだけで簡単に儲けることができる① …… 225
10-3 季節性を利用するだけで簡単に儲けることができる② …… 232
10-4 市場全体の方向、時期、個別銘柄の方向を見極める …… 238
10-5 市場全体の強弱から個別銘柄の上値、下値の限界を探る …… 241
10-6 その他の市場全体の強弱と個別銘柄の株価予測のポイント
　　　…… 246
PART 10 のポイント …… 247

●おわりに

装丁・DTP／村上顕一

PART 1

株価予測の方法は「投資」と「投機」で異なる

METHOD OF THE ULTIMATE STOCK PRICES PREDICTION

LESSON 1-1

時間に制約があるか否かで株価予測の方法は変わる

　株式市場への投資で得られる利益は、「上昇、下降の値幅の変化で得られる利益」と、「配当などで得られる利益」にわけることができます。
　株式投資の本来の目的は、成長する企業への投資です。
　企業の業績が上向くと、株価が上昇して、配当も増える可能性があるので、企業の成長を見込んで投資すれば、株式投資で得られるうまみをすべて味わうことができます。
　時間に制約がなければ、株式投資の本来の目的である、企業の成長を期待して投資するやり方で大丈夫です。企業規模が拡大すれば株価は必然的に上昇するため、投資家は利益を期待できます。「必然的に」というのは、たとえば1株あたりの利益（純利益÷発行済み株式数）が30円だったものが、売上の拡大とともに利益が増加するか経営を効率化して利益を増やすことによって、同300円となれば、多くの参加者がいる株式市場において、株価がそのままの状態で取引されるわけがないからです。
　しかし、投資期間に制約がある場合、あるいは、投資

したお金で短期間に利益を得たいという希望がある場合、潜在的な企業価値や企業が成長する可能性をみるのではなく、別の角度から、株価の上下する理由を探ることが必要になります。

　なぜなら、個々の企業の特徴を見極めて、成長性を秘めた会社をみつけることができたとしても、その会社が、いつから、急激に収益を拡大させて、株価が大きく上昇するのかなど、事前にわかるわけがないからです。

　また、株式は日々取引され、もっと短いサイクルで、常に上がったり下がったりを繰り返しています。長い目でみた企業の業績と、短期間の株価の上げ下げは必ずしもリンクしているわけではありません。

　したがって、短期的な視点から個別の株価が上昇するタイミングを予測するためには、潜在的な企業価値や成長の可能性を予測することとは別のやり方が必要になります。

　本書においては、期間を区切って株価の上げ下げから収益を狙うやり方を「投機」とし、成長する企業への「投資」と区別し、それぞれについて株価を予測する方法について解説していきます。

LESSON 1-2

企業の成長に期待した投資は期間を区切らない仕掛けになる

　2007年は、ダイハツ工業、日野自動車を含めたトヨタ自動車の世界全体の生産台数が949万7754台となり、米ゼネラル・モーターズ（GM）の2007年の世界生産台数928万5000台を上回りました。この年、トヨタは、GMを抜いて生産台数で世界一の会社になったわけです。

　自動車業界の首位交代は、1931年にGMがフォード・モーターを抜いて首位に立って以来、76年ぶりで、トヨタは1937年の創業から70年でそれを達成しました。

　図表1-1で売上高をみると、37年以降、緩やかな上昇の後、高度経済成長期に急拡大をとげ、2008年に過去最高を記録し、売上高が世界一となっています。

　図表1-2の株価チャートをみると、1980年代に1000円以下だった株価が、2007年に8350円の高値をつけています。1000円以下の株価が、20年という歳月を経過して約10倍になったわけです。

　トヨタがここまで拡大できた理由は、高度経済成長の波に乗ったことや、海外への販路拡大戦略が成功したからだけではありません。

図表1-1 ● トヨタ自動車（7203）の売上高の推移

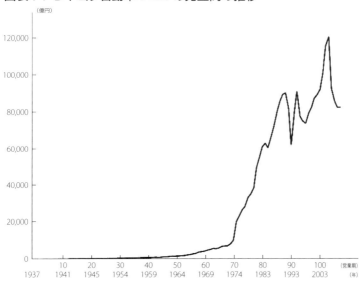

図表1-2 ● トヨタの終値の折れ線グラフ

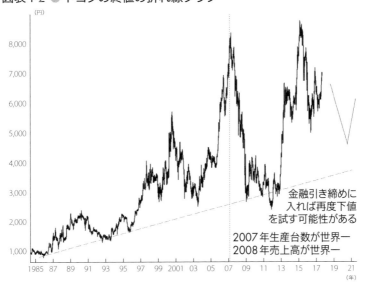

金融引き締めに入れば再度下値を試す可能性がある

2007年生産台数が世界一
2008年売上高が世界一

企業の成長に期待した投資は期間を区切らない仕掛けになる

1997年に世界初の量産ハイブリッドカー・プリウスの販売を開始し、早い段階から、次にくる時代を先取りして、「ハイブリッドカーを擁する環境先進企業・トヨタ」のイメージを確立するとともに、未来型の自動車の提案を積極的に行ない、これまでつくられてきた自動車のイメージを破壊することに成功したからです。

　お金は、全体の大きさが安定した状況では、特定の輪のなかで循環しているだけになります。既得権を持つ企業は、一定の顧客数を獲得して、一定の利益を得られる状況を自ら崩す必要がないからです。

　そのような循環ができあがると、業界全体が安定期を迎えますが、一方で、進歩が停滞することになります。

　そこに新たな勢力が台頭し、できあがった既得権やイメージを壊し、新たなお金の流れをつくることに成功すると、循環していたお金の流れを自らに引き寄せるだけではなく、これまで無関心だった人たちをも吸収し、業界全体の拡大を導きます。

　資本主義社会での事業は、「起業→成長→安定→破壊→拡大→安定……」という経緯をたどりながら社会全体を進歩させていくわけです。

　そのなかで、既得権を破壊する側は、多くの耳目を集めることができるため、比較的短い期間で急成長を遂げることができます。

　その例が同じ自動車業界にあります。トヨタが70年かけたGM超えを、（生産台数ではなく時価総額になりますが）15年間で果たした会社、テスラです。

　テスラは、電気自動車がガソリン車を超えられること

を証明しようと考えた同志のエンジニア数名により、2003年に設立された会社です(当時の社名はテスラモーターズ)。

2012年に世界初のプレミアムEVセダンであるModel Sを発売したときの株価は、まだ30ドル以下でした。

それが2017年4月10日には、時価総額がGMを超えるまでに成長しました。

時価総額とは、ある上場企業の株価に発行済株式数を掛けたものであり、企業価値を評価する際の指標です。実際に売上や利益が増えて株価が上がると時価総額は増えますが、将来の売上や利益に対する期待によっても株価が上がり、時価総額は増えます。したがって、時価総額が大きいということは、業績だけではなく将来の成長に対する期待も大きいことを意味しています。

テスラの場合、2012年に30ドルだった株価は、2017年になり10倍の300ドルを超えています。それだけ期待が大きいわけです。

LESSON 1-3

イメージを確立できた企業の株は安定的に利益を得られる

　ザ コカ・コーラ カンパニーは、炭酸飲料の代名詞になっているコカ・コーラのイメージづくりに成功したことで、景気がどのような状況になっても、安定した売上を確保しています。以下は、その日本法人の一つであったコカ・コーラウエストHD株式会社の配当、売上高、純利益です（2017年にウエストとイーストが統合して、コカ・コーラ ボトラーズジャパンに社名が変わっています）。リーマンショック前から最近までを比較してみてください。

- 2007年度：配当43円、売上高4095億円、純利益93億円
- 2008年度：配当43円、売上高3955億円、純利益1.2億円
- 2009年度：配当42円、売上高3696億円、純利益マイナス75億円（1994年の上場来初の赤字、低価格店での飲料購入が増え、自販機の売上不振）
- 2010年度：配当40円、売上高3757億円、純利益75億円（コカ・コーラ ゼロフリーなどの新商品投入、猛暑が貢献

して売上回復）

- 2011年度：配当41円、売上高3997億円、純利益69億円
- 2012年度：配当41円、売上高3866億円、純利益60億円
- 2013年度：配当41円、売上高4317億円、純利益136億円
- 2014年度：配当41円、売上高4244億円、純利益44億円
- 2015年度：配当41円、売上高4404億円、純利益99億円
- 2016年度：配当46円、売上高4604億円、純利益52億円

　売上高は2008年のリーマンショック時に落ち込みますが、イメージづくりができあがっていることに加え、ブランドが定着していることや、きめ細かな販売網を確立しているため、新商品の投入などの戦略が有効に機能し、すぐに回復しています。

　また、2009年に売上が落ち込み、1994年の上場後、初の赤字に転落した年でも、年間の配当額は42円となっていて、2007年から2016年まで、安定した配当額を維持しています。

　図表1-3でコカ・コーラウエストHDの株価をみると、2600円程度で推移していた株価が2008年に1500円以下へ落ち込みますが、2016年には、2007年の値位置へ回復し、さらに上値を試す動きへ入っています。

図表1-3 ● コカ・コーラウエストHD (2579) 日足

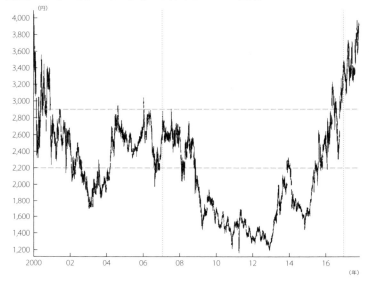

　このように、ブランドが定着し、市場占有率が高く、組織のしっかりとしている会社は、景気の急激な落ち込みに対しての反応が鈍く、社会、政治状況に合わせた柔軟な戦略見直しの効果が速くあらわれやすいといえます。だからこそ、安定した配当を維持できるわけです。

　このケースのような銘柄は、株価の変化にかかわらず、配当を目的として、期間を考えない投資の対象にすることができます。

　こうした投資の場合、株価の上昇は、長く持っているあいだの副産物と位置付けておきます。

　ただ、当然、長い期間のなかで、基本となる企業イメージが低下するようなことがあれば、投資対象から外すことを考える必要が出てきます。

LESSON 1-4

10年も待たずに儲けたいという人が大半

　図表1-2をもう一度みてください。

　先ほど、トヨタの株価が80年代からくらべて10倍になったと書きました。

　チャートの期間中で最も低い値位置は、1983年2月の安値646円です。最も高い値位置は、2015年3月につけた8783円になります。

　この間、バブル崩壊、リーマンショック後の下落にもめげず、持株を維持し続けられることができれば、安値から高値までだいたい13倍の利益になります。

　しかし、実際には、30年という期間は長すぎて、その間に投資家自身の生活やお金の価値が変わることや、リーマンショック後の下落を投資家として許容できない、その会社が期待どおりに成長していくのかが途中ではわからないなどの理由で、不安が先行して、手仕舞いしてしまうことがほとんどです。

　投資では、値動きを気にしないでいられるか（放置しておくが、人事や業績だけは想定のとおりかチェックしておく）、気にするのであれば、自身の考えを貫ける心の強さが必要です。

しかし、たいていは、情報不足で、強い信念を持ち合わすまでに至りません。

トヨタの株価は、2003年以降、2012年以降に急激な上昇を経過していますが、安値に沿ったラインを引けば、緩やかな上昇にしかなっていません。

自動車業界のリーダーとして安定期に入っている現状では、破壊者となって新たなお金の流れをつくり出す側にはなれません。2015年に8783円をつけて、その後は5000円以上で推移していますが、アベノミクスが終了し、再び金融引き締めへ入るとき、あるいは景気の波のなかで、4000円、あるいはそれ以下の値位置をつけることも十分に考えられます（安値に沿ったラインからいえば3000円台があっても不思議ではありません）。

あまり目先のお金にこだわりのない方の場合、株価が下がる場面があっても、徐々に値位置が高くなるのであれば、資産として保有を継続するということになるでしょう。

しかし、少ない投資資金を少しでも増やして生活の足しにしたいと考えている方や、できるだけ効率よく資産を増やそうと考えている方であれば、2000年以降の上下の激しさに耐えられるわけがありません。

100万円が200万円になったら、増えたお金についてあれこれと使い道を考えているか、先行して使ってしまうこともあるでしょう。利益になっていたお金（含み益）が少なくなってくると、損したという考えになってしまい、我慢ができなくなります。

だから、多くの方は、株式投資というと、2003年か

ら2007年までの上昇、あるいは2012年から2015年までの上昇だけを利益にすることを目的とした投資をしたいと考えるようになります。

　実際は、企業の成長に期待して、選択した企業を長期保有するほうが利益になりやすいので、お金のない人ほど、長期投資をするほうが妥当なのですが、現実の選択では、その反対の取引が行なわれていることがほとんどです。

PART 1

株価予測の方法は「投資」と「投機」で異なる

LESSON 1-5

株価が上昇することを予測する場合の2つの視点

　本章の冒頭で、時間を区切るか否かで予測の方法が異なると書きました。
　「企業の収益が拡大して、株価が上昇する」という予想には、時間の制約がありません。
　先ほど書いたとおり、10年くらい待っていれば、いずれ大化けすることもあるし、予測が正しければ、長い期間のなかで、価格が徐々に買い値よりも高くなります。
　ただし、予測が正しかったか否かは、徐々に株価が上昇することによって事後にわかるのであって、何年後に急騰するのか、そもそも将来に急騰があるか否かも含めて、わかるわけがありません。
　投資したまさにその年に大きく上昇するかもしれませんし、3年か5年後に大きく上昇するかもしれませんし、上昇しないかもしれません。
　その株を買った理由は、過去の業績がいいこと、社長にやる気があること、組織がしっかりしていること、事業の将来性がありそうなことなど、いくつもあるのでしょうが、それらの理由は、買いを入れた後、すぐに株価

が上がることにつながるわけではありません。

たとえば、製薬会社が新薬を開発し、認可されたことが株価の上昇へ結びつくとしても、株価が上昇するタイミングは、開発段階で織り込まれてしまっている場合もあれば、認可のニュースの直後、あるいは新薬発売後に実際に売上が大幅に伸びたことを受けてからなど、さまざまなパターンが考えられます。

いつ上昇するかがわからないので、「買って、持っている」しかないのです。

一方で、時間に制約がある場合、「投資したときに上がる」ことが重要になります。

悪く言ってしまえば、株価が上昇するなら、とくに理由などなくてもいいし、一定幅の上げを経過して、利益を出した後なら、すぐに下げて、最終的に安値を大きく更新することになってもいいのです。

東証に上場されている企業が3636社（2018年10月5日現在）あるなかで、その会社の株が、「まさにこれから上がる」と判断するには、「多くの市場参加者が注目していて、これから買いに入る」ことを裏付ける理由が必要になります。

その理由をみつけるには、株式投資を「投資」としてではなく、「投機」としてみることが必要になります。

PART 1 株価予測の方法は「投資」と「投機」で異なる

LESSON 1-6

投機目線でみる場合のポイントはボラティリティ

　辞書で調べると、「投機」とは、「利益・幸運を得ようとしてする行為」「将来の価格の変動を予想して、現在の価格との差額を利得する目的で行なわれる商品や有価証券などの売買」と掲載されています。

　同じ辞書で「投資」とは、「利益を得る目的で、事業・不動産・証券などに資金を投下すること」「経済学で、一定期間における実物資本の増加分」と掲載されています。

　おおまかにいえば、投資とは資産価値のあるものにお金を投じることで、投機とは価格の変化に対してお金を投じることだといえます。

　本来の投資は、資産価値が上昇していくものを対象にして、時間に制限されずに運用を行なうことです。

　投機は、機をみて価格の変化に対してお金を投じるので、一定のタイミングのうちに大きく変化する可能性があるものが対象になります。

　「大きく」とはどういうことでしょうか。

　前掲のトヨタの株価であっても、全体の株価の動きを

年間の平均値を結んだ線にすると、なだらかな直線になってしまいます。

　価値の変化で利益を生む投機では、投資期間を区切り、変動幅の最大値を利益にするための戦略を練ります。

　投資対象として重要なポイントは、なるべく短い期間で、より大きな値動きがあることです。

　だとすれば、その際にみなければいけないポイントは、その企業の将来性ではなく、これまで上下どちらへも大きく動いてきた変化の実績と、繰り返し、その動きがあらわれる確固たる理由になります。

　投機は、一定の期間で一定の値幅を狙って仕掛けるのですから、その銘柄の繰り返しの変動幅をみて、最低でもどの程度の利益が得られるという考え方が必要です。

　何年かに一度あらわれる大幅な上昇、下降の例をみて、今年がそうなるかもしれないと考えるわけではありません。

　そうではなく、過去のどんなに悪かったときでもそうなっていたという経験則を参考にして、投機の対象になるか否かを考えるのです。

LESSON 1-7

投機資金は
こうやって動いている

　一定期間の値幅で利益を得ることを目的とした投資は、すべて投機です。期間を区切って売買を繰り返している人たちは、投機筋と呼ばれています。

　投機筋は、一般的に短い期間で売り、買いを繰り返しているといわれていますが、必ずしも1営業日とか、1週間程度とか、極端に短い期間で売買を繰り返しているだけではありません。

　資金を集めて運用する大口の投機筋の場合、顧客には、四半期、半期、1年程度の期間で、目標とする利益を提示できていればいいのですから、運用期間の目安に幅があります。

　たとえば、GPIF（年金積立金管理運用独立行政法人）も委託先に一定の期間で利益を出すことを求めていますから、その運用方針は長期を見据えたものであったとしても、期間に制約がある投資のため、本書では投機的な資金という位置づけになります。

　GPIFは、年金資金の一部を株式で運用しています。運用は、GPIFの方針に沿って、委託された運用機関が

行ないます。

　GPIFの経営委員会で中期計画を決定し、監査を経て、その方針を、執行部が運用委託先へ伝達します。運用会社は、委託元の意思に沿って投資するだけですから、細かな利益を追求しているわけではありません。

　当然、GPIFにも資金移動の事情があり、そのときに株式市場に影響を及ぼすことになります。

　2013年5月23日、日経平均株価は、前年からの大幅な上昇が一転して、高値1万5942円から安値1万4483円まで、1営業日で1459円の下げ場面となりました（**図表1-4**）。その後、6月13日の安値1万2415円をつけるまで、高値から安値まで、3527円の下げ幅となっています。

　この下げは、中国の景況感の悪化等が原因といわれて

図表1-4 ● 2013年前半の日経平均株価日足

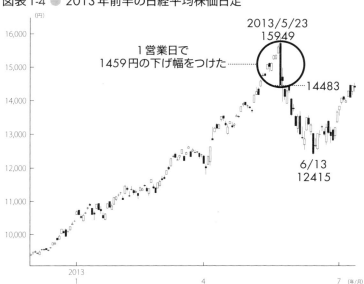

いますが、GPIFが保有株式を売却したことが要因のひとつとして挙げられています。

当時GPIFは、国内債券67％、国内株式11％、外国債券8％、外国株式9％という資産割合を目標に運用を行なっていましたが、2012年末以降、国内株式が急上昇したことで、国内株式の資産割合が大きくなったため、国内株式の一部を売却し、それが大幅な下げを誘発したといわれています。

このように、株式市場に入ってきている資金には、それぞれの事情があります。

ヘッジファンドには、45日ルールというものがあります。ヘッジファンドは、ファンド出資者の個々の出資額が巨額なので、解約が一斉に行なわれると、市場への影響が大きくなり過ぎます。そのため、ヘッジファンドの顧客は、資産預け入れ先の委託ファンドに解約を申し出る場合、決算日の45日前までに申し出なければならないという取り決めがあります。

こうした事情は、株式市場全体に少なからず影響を与え、株価を上下させています。

値幅で利益を得ることを目的とした市場参加者の多くは、こうした資金移動の事情を十分に理解したうえで、そこに便乗して、株価の振れ幅を大きくしています。

図表1-5は、日経平均株価の2013年の動きです。

図には、年初の値位置と年末の値位置を結ぶラインを引いています。

年初の安定した上昇の流れを年末まで継続していれば、上下へ振れの少ない上昇の流れができていたはずです。

図表1-5 ● 日経平均株価の2013年の動き

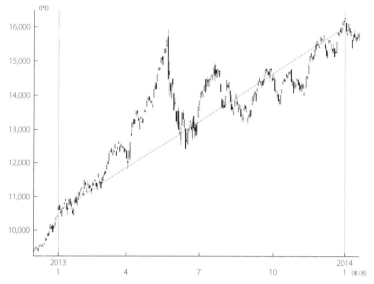

　そうならなかった理由は、資金移動の事情を利用して、投機筋が一定期間の振れ幅を大きくして、上下へ値幅の伴った動きをつくり出したからです。

LESSON 1-8

株価が上がりやすい時期とそうでない時期

　株価は、業績が安定していて、景気の波に左右されないのであれば、物価に合わせて緩やかに推移すると考えられます。

　しかし、実際にはそうなっていません。株価が上下へ大きく振れる理由は、投機が持ち上げて、梯子を外すからです。とはいえ、投機が何の根拠もなく、いつでもどこでも持ち上げようとするわけではありません。

　投機が最初の上昇のきっかけをつくりにいっても、市場参加者がそれを援護してくれる保証などありません。むしろ、積極的に行動すると、最も弱い状態で相手に目的がばれて、自らの仕掛けが狙われることになります。

　勝負で勝つには、相手の弱みを握り、そこに付け込むことです。投機は持ち上げやすい時期に持ち上げて、持ち上げにくい時期に梯子を外します。

　図表1-6は、東証1部での月ごとの売買高の平均値の1990年から2016年までの総計値の折れ線グラフです。

　月ごとの売買高の合計の総計でもよかったのですが、月ごとに営業日が違うことを考慮して、月ごとの平均値

図表1-6 ● 東証1部、1990年から2016年までの月ごとの売買高の平均値の総計

の総計としました。

これをみると、東証1部での取引量は、2月、3月に多くなり、夏枯れといわれている7月、8月に実際の商いが少なくなっていることがわかります。

売買高の増減は、市場への資金の出入りの大きさを示しています。売買ですから売り株数と買い株数は常に同数ではありますが、株式市場の構造上、新たな資金は買いから入るのが常ですから、資金が積極的に入って総量が増える時期には、全体が上げやすくなります。

資金が増える時期には、全体が上がりやすいなかで、狙った銘柄が上がる確率も高いのに対して、資金が増えない時期には、総量が減る（株を売って株式市場から出ていく）、あるいは変わらないなかで資金が銘柄間を移動している

だけなので、狙った銘柄がうまく上がる確率も下がります。したがって、株価を予測するときには、資金の流れがどうなっているのかを念頭に置くことが不可欠です。

そして、過去のデータから顕著に増減の変化があらわれているのは、積極的な取引が行なわれる時期や、消極的になりやすい時期が、偶然にそのようなパターンになっているということではありません。そのような傾向が歴然としてあるのだと推測すべきなのです。

実際、春先は日本の年度末であり、多くの企業の決算期になります。株の乗り換えや、決算を前にした事前の買いが入りやすく、売買高が増えることもわかります。

6月以降、10月頃までは、株価を積極的に上方へ押し上げる材料の入りにくい時期だといわれています。また、9月の米国の年度末を前に、8月が円高になりやすいということも理由のひとつとしてあると考えられます。

さきほど、投機は相手の弱みを握り、そこに付け込むと書きました。

市場への資金の出入りの傾向は、企業の経済活動の結果として、毎年繰り返されているものです。理由があって、市場へ入らなければならないという条件があるのですから、投機が狙いたくなる「弱み」です。

投機は、このようなコアになるものを使い、株価の動きをつくり出します。積極的な買いが入る時期があるなら、買いが入る前か後のどちらか、または両方で、その買いに同調して、通常と異なる上げ幅を演出します。

年間の一定幅の変動は、通常の市場参加者の出入りと、それに同調する投機によってつくり出されているのです。

PART 1 のポイント

- 期間を区切って株価の上げ下げから収益を狙うやり方を「投機」とし、期間を区切らずに企業の成長を待つ「投資」と区別して株価予測をする必要がある。

- 投資の場合は、企業の成長を期待して株を持ち続けていればよい。

- 投機の場合は、一定の期間に一定の値幅の動きがあることを想定して、そのタイミングで売買することが必要。

- 株価には、資金の流れに裏付けられた、1年のうちで上がりやすい時期と上がりにくい時期が明確にあるので、株価予測をするときには、それを念頭に置くことが不可欠。

PART 2

時間に制限のない「投資」で押さえておくべきポイント

METHOD OF THE ULTIMATE STOCK PRICES PREDICTION

LESSON 2-1

株価には理論値などない、人気次第で値段が決まる

　PART 1で、企業の売上や利益が増えていけば、株価は必然的に上がると書きました。

　たとえば、1株あたりの利益が30円のときと、同300円のときでは、後者のほうが、株価が高くて当然だということは誰もが納得すると思いますが、ではいくらが妥当なのかについては、実は答えがありません。

　株価の妥当な水準はわからないのに、何を頼りに株を買ったらいいのでしょうか。投資をしようと考える方は、そこを疑問に思うはずです。

　それについて考えるために、まずは新規上場銘柄の最初の値段の決まり方をみていきましょう。

　市場へ新たに上場する銘柄は、まず、主幹事となる証券会社が、近い業種やその企業の成長性などを考慮し、さらに、機関投資家などへの聞き取り調査を元に、売り出し価格の目安（○○円から○○円の範囲）を決めます。

　その範囲から投資家に希望購入価格を示してもらい、それらも参考にしつつ、新規上場で公募割れが起こらないようにするために経済情勢（株式市場の状況）も勘案して、

公募価格が決まります。

　主幹事が自分たちで目安を決めて、プロの投資家に聞き、ある程度目安をつけてから、実際にどの値段なら買うかを投資家に聞いて、売り出し価格が決まるのです。

　何か計算式があって、新規上場企業のそれまでの業績や、今後の見通しなどの数値を入れると、自動的に公募価格が決まるというわけではありません。そんな都合のいい計算式などないのです。

　株価の決定は、上場する最初の場面から、「人の主観」が強く反映されています。要するに、株価は、それにかかわる人たちの都合で決められているだけなのです。すっきりした理論ではなく、そのときの投資家の気分次第で値段が動いているといってもいいでしょう。

　値段なんてあってないようなもので、株価が上昇する、下降するという動きは、人の主観、すなわち人気によって決まります。人気が出てくると上昇して、人気がなくなれば下降します。

　企業の財務状況から導かれる目安はあるものの、確たる答えがあるわけではないので、人気化してしまえば、とんでもなく上がり、人気がなくなってしまえば、場合によっては上げた分のすべてを押し戻されることになります。

　NTT株は、1985年4月の日本電信電話株式会社法の施行により、日本電信電話公社が民営化されてNTTが設立され、その2年後、市場全体の株価が急上昇しているバブル期に上場しました。

　民営化した企業の初上場ということもあり、1986年

11月の申し込み期間中、165万株の売り出しに対して1058万件の申し込みとなりました。
　売り出し価格が119万7000円に決まり、1987年2月に東証に上場すると、買い注文が殺到し、初値が売り出し価格を約40万円上回る160万円をつけました。その後、4月には318万円まで上昇しています。
　いずれ、政府保有の残りの株式が放出されて、価値が下がることをわかっていたにもかかわらず、当時は株式市場の人気に乗り、上場後の2か月あまりのあいだ、投資家にとって天井知らずにみえていました。
　現在は、（何度かの分割で値段が変わっていますが、当時の値位置に合わせて現在の値位置をみると）2017年10月の時点で売り出し価格に近づく程度まで戻してきましたが、1987年4月の高値は、はるか上に位置しています。

COLUMN

上場企業は「人気」を集めるために努力している

　株価はあってないようなものなので、業績がよく、成長し続けている企業であっても、常に投資家の人気を集めるための努力をする必要があります。

　たとえば、業績が悪くても配当を下げなかったり、株主優待を充実させたりすることもそうですし、最近では社会貢献へ力を入れたりすることなども、そうした努力の一環という意味合いが強いと思われます。

　2006年に国際連合が責任投資原則を提唱しました。これにもとづき、ESG投資の促進を要請しています。ESGは、環境(Environment)、社会(Social)、ガバナンス(Governance)の頭文字を合わせた言葉です。

　これをきっかけに、欧州の機関投資家を中心として、ESGを新たな投資尺度として重視するようになってきました。

　GPIF（年金積立金管理運用独立行政法人）でも、「(環境)地球温暖化、水資源、生物多様性」、「(社会)女性活躍、従業員の健康」、「(ガバナンス)公正な競争」などを重視するよう、委託先の金融機関に求めています。

　こうした動きを受けて、企業のなかにはESGを重視している姿勢を掲げるところが出てきています。

　また、欧米の機関投資家が重視するROEを高めること(Lesson 2-2参照)を広く告知することによって、人気を集めようとしている企業もあります。

LESSON 2-2

「売上高の増加傾向」は長期的に株価を押し上げる

　株価は人気で決まる一方、長期でみれば、企業業績と相関した水準になることも事実です。

　したがって、長期投資の方法には、社会全体の発展を信じて「安定して成長している企業」を保有し続ける、個別企業をみて、「急成長する可能性（期待）のある企業」に乗るという2通りがあります（ここで述べている長期投資は、時間に制約のない投資のことです）。

　「安定した成長」を考える場合は、「過去の業績が安定している」「消費者が必ず必要になるであろう、すたれることのないものを売っている」「市場シェアを独占している」などが考えられます。

　また、「急成長」する企業を考える場合は、将来ビジョンが明確、強みのあるビジネスモデル、対応する市場の大きさ、やる気のある積極的な社長であることなどが重要になります。とりわけ、企業が成長するための原点として、やはり社長の資質は重要です。

　企業の成長性は、社会情勢や景気などの将来予測を多分に含むことから、本来はそれを事前に見極めることが

むずかしいといえます。しかし、株を買うためには何かを判断材料として将来を予測していくしかありません。以下では、一般的に用いられる指標と、その判断のポイントについて解説していきます。

[1] 企業の安定性をみる

よく使われている企業の安定性を示す指標には、「自己資本比率」「流動比率」「キャッシュフロー」などがあります。

①自己資本比率

自己資本比率とは、返済不要の自己資本が全体の資本調達の何％あるかを示す数値で、「自己資本比率＝自己資本／総資本（自己資本＋他人資本）」で算出します。

自己資本比率が小さいほど、他からの影響を受けやすい不安定な会社経営を行なっていることになり、会社の独立性に対する不安感があります。

自己資本比率が高いほど経営は安定し、倒産しにくい会社と考えられています。

一般に自己資本比率が50％以上なら優良企業、40％以上なら倒産しにくい企業といわれています。

②流動比率

流動比率は、企業の短期的な支払い能力を示す指標で、「流動比率＝流動資産／流動負債」で算出します。

流動資産とは1年以内に現金化できる資産で、流動負

債とは１年以内に支払わなければならない借入のことです。

　流動資産が流動負債を上回っていれば、短期的な支払能力が十分にあるということです。一方、流動負債が流動資産を上回っている場合、資金ショートする可能性が出てきます。

　企業は、短期の借入が返済できなくなると倒産に追い込まれます。

　流動比率は、安定した企業をみつけるためというよりも、資金繰りが怪しくなっている企業を簡単に調べる目安になります。

③キャッシュフロー

　キャッシュフロー（cash flow、現金流量）は、企業活動や財務活動によって得られた収入から、外部への支出を差し引いて手元に残る資金の流れのことです。

　キャッシュフローには、営業活動、投資活動および財務活動によるものがあります。

　営業活動によるキャッシュフローは、事業活動を通じて実際に稼いだお金のことです。

　投資活動によるキャッシュフローは、設備投資、有価証券投資、企業買収などのお金の流れのことです。

　財務活動によるキャッシュフローは、借金（返済）、増資、配当金支払いに伴うお金の流れのことです。

　営業活動と投資活動のキャッシュフローを足し合わせたものを「フリー・キャッシュフロー」といい、企業が自由に使用できるお金を表します。

優良な会社の場合は、営業キャッシュフローがプラス（営業成績好調）、投資キャッシュフローがマイナス（積極的な設備投資）、財務キャッシュフローがマイナス（借入金の返済）というような傾向がみられます。
　このように、安定した企業であることを確認するには、資産が十分にあるか、手元に自由になるお金があるか、すぐに返済しなければならない借入がどの程度あるのかなどをみることでわかります。
　ただ、安定した財務状況は、株価の下値を支える可能性がありますが、投資家を積極的な投資へうながす材料にはなりません。
　これらの指標は、手放さずに長く持っている株を維持するかどうか判断するときや、他の基準でその会社に注目したときに、チェックするポイントのひとつとして覚えておきたいものです。

［2］企業の成長性、収益性をみる指標

　時間に制限のないという意味での長期的な株式投資にとって、最も注目すべきポイントは、企業の成長性と収益性です。
　将来のことなど予測することはできませんが、売上高が増加し、市場占有率が徐々に高くなってきている動きや、過去の安定した収益をみることで、将来的にその流れが続いていくかもしれないと考えることはできます。
　また、その時点での流れがみえていれば、年ごとの変化にも気づくことができます。

投資家として企業の成長性をみる指標としては、売上高の推移、EPSの推移などが挙げられます。収益性をみる指標としては、ROE、ROA、売上高利益率などが挙げられます。

①売上高の推移

売上高は、企業の成長をみるのに最もわかりやすいデータです。

単純に、その企業の販売しているものが評価され、消費者に受け入れられているのであれば、売上高が徐々に増えていくはずだからです。

資本主義市場においては、常に拡大を模索していかなければなりません。どんなに優良な企業であっても、消費者の飽きや、流行り廃り、技術の進歩があり、新規参入によって市場を奪われる可能性があります。

とくに、株式を上場して、利益を投資家に還元する必要のある企業は、停滞、衰退を受け入れることなどできないのです。今年よりも来年、来年よりも再来年がよりよくなるため、事業計画をたてていく必要があります。

図表2-1、**2-3**は、ヤマトHD、JR東海（東海旅客鉄道）の売上高の推移を示しています。**図表2-2**、**2-4**は、同じ期間の株価です。

これらの会社は、売上高が伸びていく過程で、しっかりと株価が上昇しています。

一方で、**図表2-5**は、荏原の売上高の推移、**図表2-6**は、同期間の株価です。

売上高が減少していく過程で、株価が一気に下落して、

図表2-1 ● ヤマトHD (9064) の売上高の推移

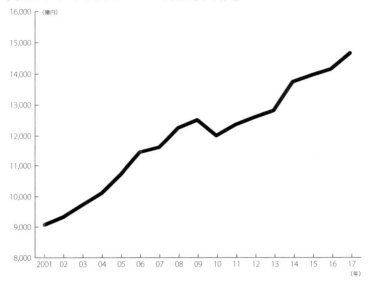

図表2-2 ● ヤマトHD株価月足

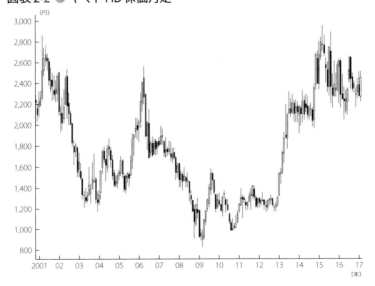

「売上高の増加傾向」は長期的に株価を押し上げる

図表2-3 ● JR東海(9022)売上高の推移

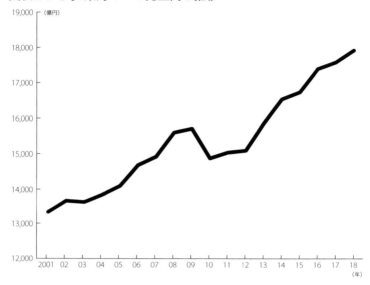

図表2-4 ● JR東海株価月足

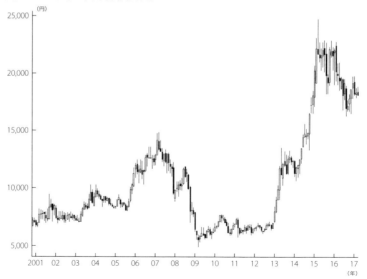

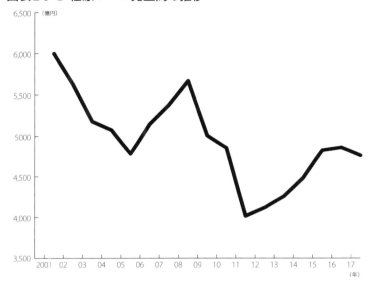

図表2-5 ● 荏原(6361)売上高の推移

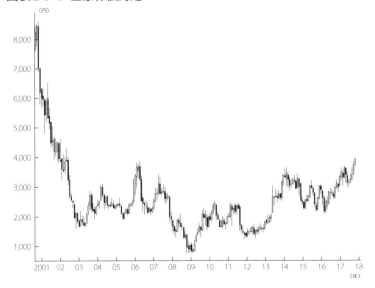

図表2-6 ● 荏原株価月足

2-2 「売上高の増加傾向」は長期的に株価を押し上げる

その後、横ばいに推移していることがわかります。

他の銘柄の株価が積極的に上げだした時期でも、荏原の上げ余地は限られています。

売上高とチャートを比較してみれば、「売上高は、はっきりと、企業の成長性を示し、株価を長期的に押し上げる（押し下げる）要因になっている」と判断できます。

②EPS

EPSとは、1株あたりのその年1年間の純利益のことで、「EPS＝当期純利益÷発行済み株式数」で計算します。

計算式からわかるとおり、EPSが増加するには、分子の純利益が増えるか、分母の発行済み株式数が減るかのどちらかが必要です。

前者は、売上が増える、余分な支出を減らすなどの企業努力があらわれます。

後者は、自社株買いや、株式併合をするなどで実現することができます（こうした施策は株主への利益還元の努力を行なっていると評価されます）。

③ROE

ROE（Return On Equity）は、「株主資本利益率」のことで、「ROE＝当期純利益÷株主資本（自己資本）×100」で計算します。

株主資本が企業の収益にどれだけ関係しているのかを示しています。

ROEが高い企業は、資本を有効活用し、「積極的な経営」が行なわれているという見方になります。

日本においては、自己資本比率が高く、借金の少ない企業が優良企業であるという考え方が、世間一般に広く浸透しているため、資本が過剰になって資本効率が低下することのマイナス面があまり意識されていない傾向があります。そのため、欧米の企業と比較して、全体としてROEが低くなりがちです。

　2012年12月、第二次安倍内閣が誕生後、強い経済を取り戻す政策の実現に向けて、「日本経済再生本部」、翌年1月には同本部のもとで「産業競争力会議」が設置されました。同会議では、幅広い機関投資家が適切な受託者責任を果たすための原則の在り方について検討がなされています。

　安倍首相の誕生後、機関投資家が「積極的な企業」に注目して投資先を選ぶという流れがあらわれています。

　JPX日経インデックス400（投資者にとって投資魅力の高い会社を400銘柄選定）は、2014年1月から算出が開始されています。

　400銘柄の選定基準となる定量的な指標として、3年累積営業利益や時価総額と並んで、「3年平均ROE」を挙げています。

　GPIF（年金積立金管理運用独立行政法人）は、運用インデックスのひとつとしてJPX日経インデックス400を加えています。

　このような取り組みは、日本企業がサラリーマン社長の安定志向によってつくり出されている停滞から抜け出すきっかけになるかもしれません。

④ROA

ROA（Return On Assets）は、総資産利益率のことで、「ROA＝当期純利益÷総資産」で算出します。

ROAは、事業に投下されている資産によって得られる利益を示す指標です。

総資産は、純資産と負債を加えたものになります。

ROAは、資産全体に対する純利益の割合で、先ほど紹介したROEは、総資本から負債を引いた自己資本（≒株主資本≒純資産）に対する純利益の割合です。

株主重視の経営を考えると、株主資本である自己資本を分母にするROEがROAより重視されることになります。

ただ、ROEは借入金を増やして自己資本比率を下げることで、意図的に高く見せることができるという欠点があります。

自己資本比率は、高ければ高いほど、会社の安定性・安全性という観点からは優れています。

したがってROEは、株主資本の効率性を測る指標としては優れていますが、有利子負債の増加リスクと背中合わせになっていることから、ROAを合わせてみる必要があります。

⑤売上利益率

売上利益率は、総利益、営業利益、経常利益それぞれでみることができます。

売上総利益率は、「売上総利益÷売上高」で算出します。売上総利益は、売上高から売上原価を差し引いたもので、

企業の利益のおおもとになる部分を指しています。

　売上総利益率が高ければ、それだけ高付加価値の商品を販売していることになり、競争力の高い企業だという評価になります。

　売上営業利益率は、「営業利益÷売上高」で算出します。営業利益は、売上総利益から販売費及び一般管理費を差し引いたものです。

　営業利益は企業本来の営業活動の成果を意味しているので、売上高に対する営業利益の割合は、企業の本来の実力、儲ける力を示します。

　売上高経常利益率は、「経常利益÷売上高」で算出します。経常利益とは通常の経済活動で繰り返して生じる利益のことで、営業利益に営業外損益を加味したものです。

　売上から本業にかかったコストを差し引いたのが営業利益で、この営業利益に財務活動などの本業以外の損益を加えたのが経常利益になります。

　売上高経常利益率は、企業がトータルでどれだけ効率のよい経営を行なっているかを示します。

［3］株価の妥当な値位置を判断する指標

　株価には妥当な位置などないと書きましたが、一般的に株価の位置が割安か否かの判断材料とされる指標があります。

　その代表は、PER、PBRです。

①PER

PER（Price Earnings Ratio）は、株価収益率のことで、「株価÷1株あたりの利益」で算出します。

1株あたりの利益に対し、株価が何倍まで買われているのかを示している指標です。

企業業績そのものは絶えず変化していますから、それに応じた株価になっているかどうかを、過去の株価の高値、安値をつけたときのPERの数値と現在のそれを比較して、現在の株価が割安か否かを判断します。

②PBR

PBR（Price Book-value ratio）は、株価純資産倍率のことで、「株価÷1株あたりの純資産」で算出します。

1株あたりの純資産に対し、株価が何倍まで買われているかを表した指標です。

1株あたりの純資産は、純資産を発行済株式数（発行済株式総数－自己株式数）で割って算出します。

PBRが1ということは、株価と1株あたりの純資産が等しいということです。

PBRが1の会社の株式を買うと、1株に対する投資金額と1株あたりの解散価値が一致しているということなので、もし会社が解散すれば、投資金額はそのまま戻ってくるという理屈になり、投資金額のリスクがないことになります。

経営不安がなければ、通常、PBRが1を下回っている状況になれば、株価が下値を支えられる可能性があるという見方になります。

LESSON 2-3

日経平均採用銘柄の株価は先物と連動することに注意

　株価が長期的に上昇していくためには、その企業が成長し続けていく必要があります。

　企業の成長は単純に売上高の推移でみることができますが、前項にあったヤマトHDや、JR東海をみると、売上高が順調に伸びているにもかかわらず、株価は一本調子に上昇しているわけではないことがわかります。

　よくみると、2つのチャートの株価の上げ下げは、似た地点でつくられています。

　株価は、直接的には人気（需給）によって決まるため、市場全体が低迷していれば、当然、優良企業であっても注目度が下がりやすく、株価が上昇しにくいのです。

　図表2-7は、上段が日経平均月足、中段がヤマトHD月足、下段がJR東海月足です。

　同じ期間の日経平均の値動きと比較すれば一目瞭然です。

　売上が順調に伸びていても、市場全体に積極的な買い人気がなければ、個別銘柄の株価が上がらないだけではなく、上げた分を下げてしまうのです。

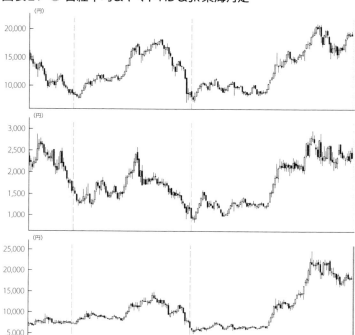

図表2-7 ● 日経平均&ヤマトHD&JR東海月足

　次の**図表2-8**は、2部上場銘柄である朝日印刷の月足です。

　朝日印刷は、医薬品包装資材首位、化粧品用上位で、大手メーカー向けが多く安定した業績で推移しています。

　2011年から2017年までの売上は、「285億→297億→313億→318億→326億→329億→375億」と順調に伸びています。

　株価をみると、朝日印刷と社名変更した2002年に最安値をつけた後、上昇の流れを継続しています。

図表2-8 ● 朝日印刷（3951）月足

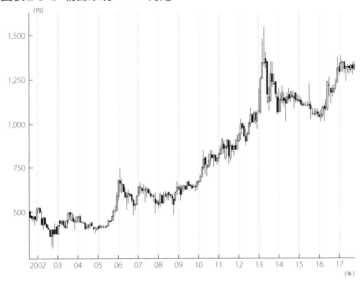

　前述した2銘柄が下げていた2007年以降でも、朝日印刷は小幅な値動きになっていて、大きく下げる動きになっていません。

　ヤマトHDやJR東海の値動きとの違いは、両社が2007年までの期間で大きく上昇していたのに対し、朝日印刷が上昇を開始したばかりであったこともあります。

　しかし、最も大きな違いはヤマトHD、JR東海は、日経平均採用銘柄であることが考えられます。

　日経平均（正式名称は日経平均株価指数）は、東証1部に上場する約2111銘柄（2018年10月5日時点）のうち225銘柄を対象にした株価指数です。同指数を対象とした先物（日経225先物）が上場しているので、投機が積極的に価格を動かしていると考えられます。

たとえば、一定期間の上昇を見込んで、現物と先物の買いを積極的に仕掛けて、株価が上昇する過程で、先物を徐々に手仕舞いしていきます。そして、株価を押し上げる材料が出尽くしとなる前に、先物には事前に売りを入れておき、先に買いを入れた現物を手仕舞いしていけば、それで先物がいっせいに下がることになります。

　現物株を利用して、先物価格を操作できるため、日経平均採用銘柄は、先物の値動きをつくり出すために使われることに注意が必要です。

PART 2 のポイント

- 単純に考えれば、企業が成長しなければ、株価は上昇しないため、売上高と利益の伸びをみることで、株価の長期的な上昇を推測できる。

- その他の経営指標は、株価上昇の直接の要因にはならないので、補足としてみていく。

- 売上高や利益が増加していても、市場全体が長く低迷していると、株価も上昇できない場合がある。

- 日経平均に採用されている主要銘柄は、投機的な動きによって、一時的に株価が上下へ大きく動く。

PART 3

日経平均が振れ幅の
大きな上昇、下降を
繰り返す理由

METHOD OF THE ULTIMATE STOCK PRICES PREDICTION

LESSON 3-1

日経平均の上昇、下降は政策によってつくられている

　日経平均のその年の上昇、下降の流れは、その年の政府、日銀の政策によって大きな影響を受けています。

　一般的に株式市場全体が長く上昇相場に入る場面では、まずは政府や日銀が公共投資、金融緩和を実行し、市場全体の活性化をうながすことできっかけをつくります（**図表3-1参照**）。

　そして、市場全体へお金が循環する経緯を経て、企業の資金調達が活発になり、積極的な設備投資と、（お金の循環と初期の株価上昇によって利益を得た人たちを中心とした）好調な需要に支えられて、さらに市場全体の株価が上昇するという流れをつくります。

　ただ、政策をきっかけに、そこから何年も継続して、政府のテコ入れなしに市場全体が上昇へ向かうような流れは、バブル期以前のことで、日本企業全体が成長のポテンシャルを持っていた時代の動き方です。

　現在は、個々の企業については当てはまるケースもあるかもしれませんが、日経平均という、東証1部に上場していて、取引量が多い225銘柄のパッケージで考える

図表3-1 ● 一般にいわれる景気循環と株価サイクル

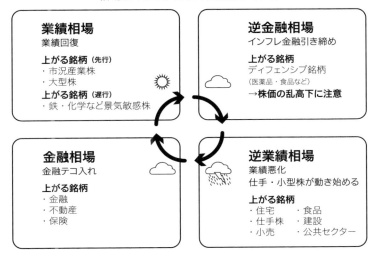

と、そうした動き方は期待しにくくなっています。

2016年の世界シェアトップの品目を調べると、炭素繊維（東レ）、CMOSセンサー（ソニー）、産業用ロボット（ファナック）、イオン電池向けセパレーター（旭化成）、リチウムイオン電池（パナソニック）、タイヤ（ブリヂストン）、A3レーザー複写機・複合機（リコー）、マイコン（ルネサスエレクトロニクス）、中小型液晶パネル（ジャパンディスプレイ）、レンズ交換式カメラとデジタルカメラ（キヤノン）など、すぐに複数の企業が出てきます。

日本の多くの企業は、バブル期までに急成長を果たし、バブル後の日本経済の低迷期に安定した経営に移行して、現在の位置にいるのです。

よくいわれることですが、安定期になると、日本独特

のことなかれ主義が積極性を奪い、組織としての緊張感を失わせ、三菱自動車、シャープ、東芝、日産などで明らかになったような問題へと結びつきます。

現状を考慮すれば、政府が財政や金融でテコ入れして景気が上向きになったとしても、安定を求めた結果、社内での悪循環が目立つ日本の大手企業がさらなる成長を求めて挑戦する動きにはなり難いことがはっきりしています。

したがって、図表3-1でみた金融相場から業績相場と呼ばれる動きへ入る段階では、日経平均がさらなる高みを目指す動きになるのではなく、日経平均自体の上値は抑えられやすくなるものの、そのなかでも成長を目指している個々の企業が大幅な上昇の流れをつくるという動きになると考えられます。

また、1990年以降のパターンでは、金融緩和、あるいは財政出動で株価を押し上げた後、業績相場へ移行する段階になると、政策として金融引き締め、増税、あるいは財政削減が実施されて、日経平均の上値を抑えるという流れにもなっています。

LESSON 3-2

日経平均の上げ下げと政策との関係

　前項で触れたことを、実際のデータで振り返ってみましょう（**図表3-2**、**図表3-3**）。

　1992年8月、バブル崩壊後の第二陣の下げ局面へ入った（2万2000円から一気に1万4000円まで下落した）ことで、宮沢内閣は、事業規模10.7兆円の総合経済対策を決定しました。

　さらに翌1993年4月、宮沢内閣で、13.2兆円の新総合経済対策を決定しています。

　株価は、1992年8月に押し目をつけて、その後、1993年5月まで、上昇の流れをつくっています（**図表3-3の①**）。

　1993年8月、非自民、非共産で連立した8党が政権を担い、日本新党の細川氏が内閣総理大臣となりました。

　9月には、6.15兆円の緊急経済対策を決定しています。

　そして1994年2月、同内閣が15.25兆円の総合経済対策を決定しています。

　株価は、1993年9月にいったん下降を開始して、11月まで下げの流れをつくりましたが、1993年11月に押し目底をつけた後、1994年6月まで上昇を継続しています

図表3-2 ● 景気対策と株価の動き

年	年間の強弱	主な金融引き締め	月	首相	名称	事業規模（兆円）
1991	弱気					
1992	弱気		8	宮沢	総合経済対策	10.7兆円
1993	横ばい	BIS規制が93年3月から適用 ←	4	宮沢	新総合経済対策	13.2兆円
			9	細川	緊急経済対策	6.15兆円
1994	強気		2	細川	総合経済対策	15.25兆円
1995	横ばい		9	村山	大型経済対策	14.22兆円
1996	横ばい					
1997	弱気	4月 消費税を3→5%へ引き上げ ←				
1998	弱気		4	橋本	総合経済対策	16.65兆円
			11	小渕	緊急経済対策	23.9兆円
1999	強気		11	小渕	経済新生対策	18兆円
2000	弱気		10	森	新発展政策	11兆円
2001	弱気	歳出削減傾向が続く				
2002	弱気		12	小泉	改革加速プログラム	14.8兆円
2003	強気					
2004	横ばい					
2005	強気					
2006	横ばい	金融引き締め				
2007	弱気	マネタリーベース減少				
2008	弱気	新BIS規制07年3月から適用				

年	年間の強弱	主な金融引き締め	主な経済政策			事業規模（兆円）
			月	首相	名称	
2008			8	福田	安心実現緊急総合対策	11.7兆円
			10	麻生	生活対策	26.9兆円
2009	強気		4	麻生	生活防衛のための緊急対策	56.8兆円
			12	鳩山	明日の成長と安心のための緊急対策	24.4兆円
2010	横ばい		9	菅	円高、デフレ状況に対する緊急対応	9.8兆円
			10	菅	円高、デフレ状況に対する緊急総合経済対策	21.1兆円
2011	弱気					
2012	強気					
2013	強気		1	安倍	日本経済再生へ向けた緊急経済対策	20.2兆円
			12	安倍	好循環実現のための経済対策	18.6兆円
2014	強気	4月 消費税を5→8%へ引き上げ ←	12	安倍	地方への好循環拡大へ向けた緊急経済対策	
2015	横ばい					
2016	横ばい		8	安倍	未来への投資を実現する経済対策	28.1兆円
2017						

＊横ばい（年末の値位置が年初に近ければ横ばい）
＊強気（年末の値位置が年初よりもはっきりと上に位置）
＊弱気（年末の値位置が年初よりもはっきりと下に位置）
＊判断はすべてチャート上での見た目

3-2 日経平均の上げ下げと政策との関係

（図表3-3の②）。

1992年から1994年までの株価は、バブル崩壊と、BIS規制による貸し渋りを背景に、投機資金が圧縮されて、下げ優勢になりやすい状況のなか、毎年、経済対策を実施して、市場全体の縮小傾向を下支えしています。

株価は、おおよそ1万6000〜2万円程度のレンジ内で推移しています。

このレンジ内の流れに変化があらわれたのは、1994年12月のメキシコ通貨危機がきっかけです。

1994年、米国は、それまでの4年間にわたる景気拡大によるインフレ懸念から金融引き締め政策へ転換し、金利の引き上げを開始しました。

このことに加えて、1994年はメキシコにとって政治

図表3-3 ● 日経平均月足

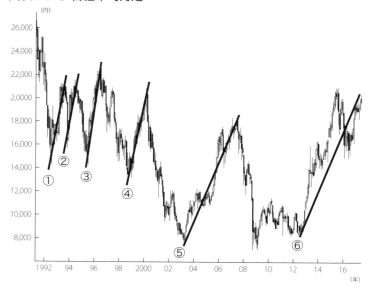

的混乱の年であったため、資本流入が減少していきました。

11月は、米国の利上げ（FFレートを0.75％ポイント引き上げ）と検事総長辞任が重なったため、証券投資の流出が活発化しました。高水準の経常収支赤字が続くなかで資本流出が起こったことから、ペソ売り圧力が高まり、メキシコ中銀は、ペソ防衛のため大規模なドル売り介入を余儀なくされ、外貨準備が大幅に減少し、より一層の通貨不安を引き起こす結果になりました。

その結果、経済でつながりの深い米ドルが売られ、1995年1月以降、ドル円相場が急激な円高場面となりました。

1994年12月の時点で100円程度だったドル円相場は、4月に79.75円をつけるまで円高が進んでいます。

日経平均は、円高の流れのなかで、1994年12月の1万9000円程度の値位置から、7月までのあいだに、一気に1万5000円以下まで下げています。

細川内閣は、1994年4月で終わり、自民党、社会党、さきがけが連立し、当時、日本社会党の委員長だった村山氏が1994年6月から総理大臣に任命されています。

1995年、年初に阪神淡路大震災、急激な円高とマイナス要因が大きかったため、村山内閣は、2段階で財政支援措置を実行することを固め、一般会計規模が当初70.9兆円から補正78.0兆円へと膨らんでいます。

また、日銀は、物価の下落圧力も根強いこと等を踏まえ、2回の公定歩合の引き下げを含め、4回にわたって金融緩和措置を実施した結果、1995年9月の公定歩合は、

0.5％と史上最低の水準となりました。さらに、1995年9月には、14.22兆円の大型経済対策を決定しています。

1995年は、このような積極的な財政出動と円高対策により、日経平均が6月に底値をつけて、その後、一本調子の上昇局面へ入っています。この上昇は、1996年6月まで継続して、1万4000円程度だった株価が、2万2000円以上まで上げています（**図表3-3の③**）。

日経平均は、1995年の景気対策後の上昇によって、1万8000円以上で安定して推移していましたが、この状況が1997年の消費税の引き上げによって崩れることになります。

1996年に発足した橋本内閣は、行政改革、金融制度改革、経済構造改革、社会保障改革、教育改革の六大改革を目標に掲げました。

財政改革では、バブル崩壊後の国債残高の急増という、かつてない財政悪化に対する強い危機感があったことから、財政制度審議会の答申を受け、1996年12月に、2005年度までに国と地方を合わせた財政赤字をGDPの3％以内にする、赤字国債発行をゼロとするなどの「財政健全化目標について」を閣議決定しました。

当時は銀行の不良債権問題が顕在化し、銀行が貸出に消極的な姿勢を示している状況で、財政健全化による公共投資の削減、消費税の引き上げにより、市場はあっという間に落ち込むことになります。

日経平均は、1997年6月の高値2万910円から、1998年10月の安値1万2787円まで下落して、バブル崩壊後の最安値をつけています。

1998年に小渕内閣が誕生すると、「経済再生内閣」と位置づけ、不良債権処理、10兆円を超える2次補正、恒久減税、大規模な財政出動を実施し、史上最大規模といわれた経済対策を打ち出すとともに、日銀は「ゼロ金利政策」を実施しました。

　積極財政、金融緩和により、日経平均の下げは、1998年10月の安値1万2787円で止まり、2000年4月の高値2万833円をつけるまで、8000円幅以上、1年以上の上げ局面となりました（**図表3-3の④**）。

　2000年4月に小渕首相が脳こうそくで倒れると、その後を受けた森首相は、橋本内閣で示した財政再建路線に再び舵を切りました。

　日銀は2000年にゼロ金利政策を一時的に解除しています。

　図表3-4は、1980年から2016年までの日本の歳出推移を折れ線グラフで示しています。

　バブル崩壊後、歳出の伸びがやや加速して、1998年にピークをつけた後、2001年頃から2004年頃まで順調に削減される方向で推移しています。

　日経平均は、2000年4月、大幅な銘柄入れ替えを行ない、IT関連を中心に採用しています。同時期に、米国のITバブルが崩壊し、米国株式市場での下落の流れを映して、2000年4月以降、日経平均が大幅な下げ局面へ入ります。

　そのような状況で、財政再建を目指したわけですから、当然、株価は大幅な下げの流れへ入るわけです。

　2001年4月に小泉政権が誕生した後も、森内閣からの

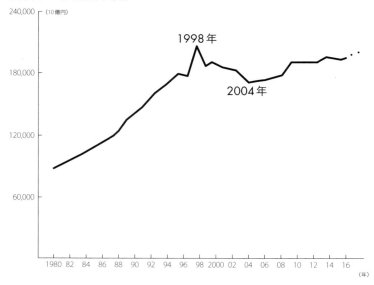

図表3-4 ● 歳出の推移

財政緊縮路線を引き継いだことから、株価の下落が止まりませんでした。

　長引く不況のなかで、大手銀行の不良債権問題が深刻化しますが、小泉内閣で経済財政政策担当大臣、金融担当大臣を兼任していた竹中平蔵氏は、聖域なき構造改革を推し進めるためには、大手銀行でも助けないという方針を掲げていました。

　日経平均は、2000年4月の高値2万833円から2003年3月の安値7603円まで下げています。

　2002年10月、竹中金融担当大臣が金融再生プログラムを作成して、公的資金を投入して不良債権を処理する政策を決定しました。

　小泉内閣は、2002年12月に改革加速プログラムと称

して、14.8兆円の経済対策を決定します。

図表3-5は、マネタリーベース（「日本銀行券発行高」+「貨幣流通高」と「日銀当座預金」の合計値）の推移を示しています。

2001年以降、日銀は量的緩和を開始して、マネタリーベースの増加幅が拡大していることがわかります。

しかし、財政を引き締めていたため、その効果はほとんどあらわれず、市場が低迷したままの状態を継続していました。

2002年後半から、財政支出を拡大させるほうへ向かい（図表3-4参照）、不良債権の処理に手一杯で資金の還流を妨げていた銀行を救済する方向へと方針を転換したことによって、2003年以降、金融緩和の効果が顕著にあらわれることになります。

図表3-5 ● マネタリーベースの推移

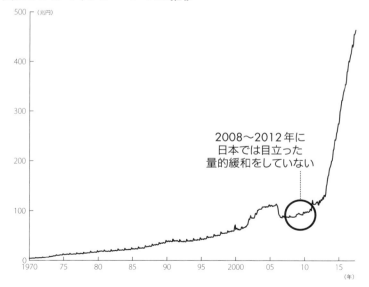

日経平均は、2003年4月の安値7603円から上昇を開始して、2007年2月には、1万8300円をつけています（**図表3-3の⑤**）。
　図表3-5で2006年頃のマネタリーベースをみてください。急激に減少していることがわかります。
　2007年3月には、新BIS規制が適用されて、銀行に8％以上の自己資本比率の維持を求めたことで、円滑な資金循環を抑える要因になりました。
　2007年の日経平均は、2月の高値が最高値となって、8月以降、下降を開始することになります。
　2007年以降、日経平均が上値を抑えられている状況のなかで、2008年9月、米国の投資銀行であるリーマン・ブラザーズ・ホールディングスが経営破綻したことをきっかけに、日経平均が暴落しました。
　NYダウは、2007年10月の高値1万4198ドルから2009年3月の安値6469ドルまで、半値以下へ下げています。
　日経平均は、2007年2月の高値1万8300円から2008年10月の安値6994円まで下げて、3分の1の値段になってしまいました。
　2008年10月以降、急激に圧縮した投機市場を守るため、先進各国の政府は積極的に金融緩和を実施して、マネタリーベースを急激に増加させました。
　図表3-6は、米国のマネタリーベースの推移を折れ線グラフで示しています。
　2008年10月以降の増加の角度をみれば、いかに急激に増やしたのかわかるでしょう。
　欧米、中国がそろって貨幣価値を下げる政策を実行し

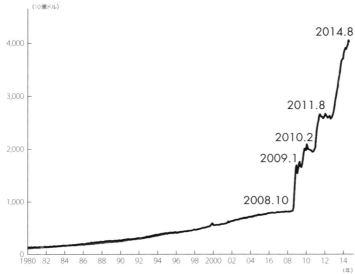

図表3-6 ● 米国のマネタリーベースの推移

ているにもかかわらず、図表3-5で示しているとおり、日本では、2008年から2012年頃までの期間で、目立った量的緩和などしませんでした。これにより、供給量の少ない円の他国通貨に対する相対的な価値が上昇して、2008年から2011年まで、長期の円高局面へ入り、ドル円相場が75円台をつけるまでに至っています。

円高の影響もあって、日経平均は、2008年から2012年まで、1万円以下で低迷することになりました。

2012年末以降は、アベノミクスによる大規模な金融緩和と経済対策によって、2017年まで日経平均が上昇の流れを継続しています（**図表3-3の⑥**）。

以上のように、日経平均は、「政府が積極的に経済対策を実施する」「日銀が金融緩和する」ことによって上

昇し、「緊縮財政」「金融引き締め」に入ると下落するという動きを繰り返しています。

　注意したい点は、経済対策を実施しても、日銀が引き締めに入っていたり、増税（消費税の引き上げなど）したりする場合や、日銀が緩和していても緊縮財政だった場合、日経平均に対する影響はマイナスの評価になっていることです。

　このようにして、昨今の日経平均は、上昇してから下げるという動きを繰り返しています。

　政府、日銀が市場全体を押し上げる政策を実施すると日経平均が上昇し、引き締めに入るとき、上げた分を押し下げる展開になっているわけです。

　経済が成長して、緩やかなインフレを継続している場合、上昇分のすべてを押し戻される展開にはなりませんが、日本では、1997年以降、デフレが常態化したことで、上げた分以上の下げを経過する動きがあらわれました。

LESSON 3-3

日経225先物は投機の対象となっている

　日経平均の値動きをみるときに、注意しておかなければいけない点は、日経225先物が上場されているということです。

　PART 1では、投資と投機の違いが自分で時間に制限をつけているか否かだと述べました。

　時間に制限のない投資では、主に企業の成長と安定した株主還元を期待したものになります。

　安定した株主還元を期待したいなら、市場シェアの高い製品を販売している企業を中心に選択し、株価の上昇を期待したいなら、順調に売上を伸ばしている時価総額の小さい会社を中心に選択することが考えられます。

　売上の増加は、市場占有率が上がっていることを示し、消費者の要望に沿った質の高い製品を販売していることを示しています。

　売上の増加は、長期の株価の上昇に貢献しますが、すぐに上がると決まっているわけではありません。

　一方で、値幅で利益を得ることが目的での投機は、「いま上がる」から仕掛ける、「いま下がるから仕掛ける」

ということを行ないます。

　つまり、売買を仕掛ける理由は、上がるにせよ下がるにせよ、「これから動く」と推測できる状況があるからです。

　推測と書きましたが、個人の勝手な期待というわけではありません。

　投機は、上げか下げかのどちらか一方に乗る作業ですから、当然、大きなリスクを伴います。大口の投資家がわけもわからず、どちらか一方向へ仕掛けるかどうかを考えてみてください。

　大金を市場へ投入するなら、自分の自由になるしくみをつくり出すか、そういう場所をみつけるはずです。そうでなければ、株式市場で投機的な仕掛けなどせず、債券でも買っておいたほうが無難です。

　大口の投資家が値幅取りのために積極的に仕掛けるのであれば、そこには、一定幅以上、上昇あるいは下降をするという根拠が必要です。

　その根拠は、確率というあいまいなものではなく、そうしなければいけないという事情に基づくものです。

　PART 1で、市場全体には資金移動の事情があると述べました。月ごとの取引量の推移をみていくと、東証1部上場銘柄には年明けから年度初めにかけて徐々に取引量が増加し、そこから7月、8月に向けて細っていく傾向が顕著にあらわれています。経済活動として、そのようにせざるを得ない状況があるなら、それは、そうなる未来を正確に予測しているといえます。

　勝負ごとでは、弱みがあれば、そこを狙うのが常識で

す。

　投機は、経済活動に伴う資金移動の事情で、毎年繰り返し起こる事象を利用して、その繰り返しに沿った取引を行ないます。投機が入り、繰り返しを増幅させることによって、毎年、振れ幅の大きなジグザグの波をつくることになります。

　さて、そうした投機の対象となる日経平均は、1950年、東証1部上場銘柄のうち取引が活発で流動性の高い225銘柄を選定し、東証1部修正平均株価という名前で東京証券取引所が計算を開始しました。

　その後、1970年に日本経済新聞社が指数の算出を引き継ぎ、日経平均という名前で現在に至っています。

　1988年9月から日経225先物の取引が開始されて、1989年6月にオプションの取引が開始されています。

　日経平均は、先物の取引が開始されて以降、市場の流れをみるための数値というだけではなく、投機の対象になったのです。

　先物市場というのは、現物を扱う業者のリスクを軽減するためのものという建前があります。しかし、実際には、値幅で利益を得るための側が積極的に仕掛ける場所として存在しています。

　先物市場は、活発に取引する投機の存在があるからこそ、上場廃止にならずに継続しているのです。投機がなくなって出来高が細れば、上場している理由がなくなるので、いずれ、上場廃止になります。

　言い換えれば、先物市場は、投機が積極的に価格を動かして、利益にできる魅力がある（そういう隙がある）、毎年、

一定の幅の値動きが期待できるということです。

　投機がその市場で積極的に取引をしているということは、これから上がるかもしれない(あるいは下がるかもしれない)というあいまいな予測があるからではありません。これから、最低でもある程度の変動幅ができると考えているから、その市場へ参加しているのです。

　日経225先物では、先物と採用銘柄の現物株を組み合わせて株価や先物価格を動かすやり方を駆使したり、オプションを併用したりして、投機が利益を出す戦略が練られています。

LESSON 3-4

日経平均の年間の平均変動幅はどれぐらいか？

　図表3-7は、日経平均の年間の変動幅を示しています。

　図表3-7にある数値は、その年の始値、高値、安値、終値と、年間の変動幅（高値から安値を引いた値幅）です。また、変動幅を3500円幅以上と以下に分けています。

　変動幅が3500円幅以下の年はすべて、4本値のなかのどこかの値位置が1万円前後か、1万円以下となっています。

　1万円を大きく上回っている年は、変動幅が3500円以上になっています。

　これをみれば、「年初の日経平均の値位置から、その年の日経平均がどの程度の範囲で推移するのか」を推測することができます。

　投機は、1万円以上の値位置のとき、年間の高値から安値まで3500円幅以上の上げ、下げの動きがあるからこそ仕掛ける、言い換えれば、投機が積極的に参加することで、意図的に3500円幅以上の動きをつくり出されているということです。その動きがないと考えるなら、投機対象にならないという見方になります。

図表3-7 ● 日経平均の年間の変動幅

年	年の始値	年の高値	年の安値	年の終値	年間振れ幅 3500円幅以上	3500円幅以下
1989	30165	38957	30082	38915	8875	
1990	38912	38950	19781	23848	19169	
1991	23827	27270	21123	22983	6147	
1992	23030	23901	14194	16924	9707	
1993	16980	21281	15671	17417	5610	
1994	17421	21573	17242	19723	4331	
1995	19724	20023	14295	19868	5728	
1996	19945	22750	18819	19361	3931	
1997	19364	20910	14488	15258	6422	
1998	15268	17352	12787	13842	4565	
1999	13779	19036	13122	18934	5914	
2000	18937	20833	13182	13785	7651	
2001	13898	14556	9382	10542	5174	
2002	10631	12081	8197	8578	3884	
2003	8669	11238	7603	10676	3635	
2004	10787	12195	10299	11488		1896
2005	11458	16445	10770	16111	5675	
2006	16294	17563	14045	17225	3518	
2007	17322	18300	14669	15307	3631	
2008	15155	15156	6994	8859	8162	
2009	8991	10767	7021	10546	3746	
2010	10609	11408	8796	10228		2612
2011	10352	10891	8135	8455		2756
2012	8549	10433	8238	10395		2195
2013	10604	16320	10398	16291	5922	
2014	16147	18030	13885	17450	4145	
2015	17325	20952	16592	19033	4360	
2016	18818	19592	14864	19114	4728	
2017	19298	23382	18224	22764	5158	

したがって、その年に日経平均が上昇すると考えた場合、その年のそれまでの最安値を最低水準とすれば、上昇場面での目標値を推測することができます。目標値は、その年の最安値に3500円を加えた地点になります。

　もし、日経225先物へ投資を考えるのであれば、そういう上げになることを前提として仕掛けることが大切です。

　たとえば、2017年の9月1日の終値は、1万9691円でした。9月までの年間の最安値は、4月17日の安値1万8224円、最高値が6月10日の高値2万318円になります。

　1万8000円以上の値位置になっているにもかかわらず、9月の時点でまだ2094円の変動幅しかありません。3500円幅以上の変化があることを前提として考えるなら、1万8224円に3500円を加えた2万1724円か、逆に2万318円から3500円を引いた1万6818円のどちらかを年末へ向けて目指すとみておくことができます。

　その後、日経平均は、9月に押し目をつけて上昇を開始して、11月に2万3382円の高値をつけています。

　このように、日経平均は、先物が上場していることにより、投機によって、価格が積極的に動かされています。

　政府が積極的な株価対策を実行すれば、投機はより安心して買いを仕掛けて、上げ幅を拡大させることができます。

　逆に、金融引き締め、あるいは緊縮財政へ入るのであれば、持っている現物株を手放し、先物に売りを仕掛け、日経平均の下げ幅が大きくなるように誘導しています。

PART 3 のポイント

- 日経平均は、「政府が積極的に経済対策を実施する」「日銀が金融緩和する」ことによって上昇し、「緊縮財政」「金融引き締め」に入ると下落するという動きを繰り返している。

- 経済対策を実施しても日銀が引き締めに入っていたり増税（消費税の引き上げなど）したりする場合や、日銀が緩和していても緊縮財政だった場合、日経平均に対する影響はマイナスの評価になる。

- 日経平均は、季節ごとの資金の流れからくる上げ下げを、投機が増幅させることによって、毎年、振れ幅の大きなジグザグの波をつくる。

- 日経平均が１万円を大きく上回っている年は、年間の変動幅が3500円以上になっている。

PART 4

日経平均の1年間の動き方

METHOD OF THE ULTIMATE STOCK PRICES PREDICTION

LESSON 4-1

投機の最も長い予測期間は1年程度

　値幅で利益を出すことを目的とした投機の対象となるものは、過去の値動きをみて、「安定して大きく変動」している銘柄です。「どれだけ変動しているか」を決めるためには、期間を区切る必要がありますが、その最大期間は1年になります。

　それはなぜでしょうか。

　投機資金には、顧客との契約により、一定期間で、毎年、必ず利益を出していく必要のある資金が含まれています。運用の結果は、長くても1年ごとに区切って、出資者に報告されます。人からお金を集めて運用している側の事情を考えれば、利益を出すべき一定期間の最大は、1年程度と考えておくべきなのです。

　さて、日経平均先物が上場し、市場価値を保っていられる、投機が存在し続けていられる理由は、付け込む隙があるからです。言い換えれば、「必ずそうなってしまう」事情が明確にあるからです。

　投機は、高速道路の追い越し車線の先頭をきってスピードを上げることなどしません。

何か急ぐ事情があり、スピードを出さざるを得ない人たちの後ろで、あおり、先に行くクルマがさらに速度を出すように仕向けるという作業をしています。
　PART 3で紹介したとおり、1年間の方向は、財政、金融政策によって見極めることができ、どれだけ動くのかは、過去の値動きから判断することができます。
　多くの市場参加者と共通の認識のなかで、長く、大きく動くための材料は、日本政府が提供してくれているわけです。
　1年間の方向や振れ幅がわかっていても、いつ上がるのか、いつ下がるのか、どこから上がるのかなどの時期や値位置がはっきりしなければ、結局ギャンブルになってしまいます。
　しかし、日経平均の場合、PART 1に書いたとおり、経済活動による資金移動の事情があり、いつ買われるのか、売られるのかの目安があります。
　投機は、毎年、同じ時期に繰り返される資金移動の事情を利用して、それを増幅させることで年間の振れ幅をつくり出しています。
　財政金融政策によって、長い期間の方向に共通の認識を持ち、資金移動の事情により、特定の時期に多くの人たちをあおり、目指すべき振れ幅をつくり出しています。投機はギャンブルをしているわけではありません。
　だから、わからない先のことなど考える必要はありません。
　1年を超えて、翌年度の政策がわからない状況のことを想定し、お金の振り分けを考えるはずなどないのです。

LESSON 4-2

投機は動きやすい時期に年間の変動幅を取りにくる

　投機は、資金移動の事情を利用して、株価が振れる値幅を大きくしていると前項で書きました。

　そのため、年間の値動きをみると、一定の方向へ向かう傾向が強くあらわれている時期があります。

　図表4-1は、1996年から2017年までの日経平均の月ごとの方向を示しています。

　陽線引けした年を「○」、陰線引けした年を「●」として、いちばん下の数値が、この期間を通してその月の月足が陽線引けした確率を示しています。

　PART 1では、取引量が多くなりやすい時期が年初から4月頃までの期間、年末へ向けた期間で、夏枯れの時期に取引量が極端に減少すると紹介しました。

　全体としては、7月から9月までが下げやすく、11月から6月頃までが上げやすくなっていることがわかります。

　株価は、取引量の減少する時期に下落して、年末から春に向けて上昇を開始する展開を繰り返しているわけです。

この傾向がはっきりとわかるように、値動きの表をつくってみました。

　図表4-2は、下げ傾向のある9月を経過して、上げ傾向のある11月頃までに押し目をつけて、そして、翌年の4月、6月頃までに価格が上昇の流れをつくった年と、その値幅を示しています。

　具体的には、9月から翌年1月までの最安値から、3月から6月までの期間で、いつまで、いくらまで上昇したのかを示しています。

　9月から翌年1月までの最安値を2月に割れる展開となった年は、条件を満たさなかった年なので「―」と表示しています。

　具体的にどういう動きかを、1990－1991年の例でみてみます。

　1990年から1991年にかけては、9月から1月までの期間での最安値を1990年10月1日（1万9781円）につけて、その後、上昇を開始して、1991年3月18日まで、1万9781円を割れることなく上昇し、2万7270円まで7489円の上昇幅となっています。

　図表では、1990年から2017年までの27回のケースで、20回、74％の確率で、9月から1月の期間に押し目をつけて、その後、3月まで上昇の流れをつくり、少なくとも1400円幅以上、多くは2000円以上の上げ場面になっていることがわかります。

　ところで、2月に前年9月〜翌年1月までの安値を割れた年は、27年間のなかで6回しかありません。1992年、1995年、2001年、2003年、2011年、2016年です。

図表 4-1 ● 月ごとの陽線確率

	1月	2月	3月	4月	5月	6月	7月	8月	9月	10月	11月	12月
1990	●	●	●	●	○	●	●	●	●	○	●	○
1991	●	○	●	●	●	●	○	●	○	○	●	○
1992	●	●	●	●	○	●	●	○	●	●	○	●
1993	○	●	○	○	●	●	●	●	●	●	●	●
1994	○	●	●	●	●	●	●	●	●	●	●	●
1995	●	●	●	●	●	●	●	●	●	●	●	●
1996	○	●	○	●	○	●	●	●	●	●	●	●
1997	●	○	●	●	●	●	●	●	●	●	○	●
1998	○	○	●	●	○	●	●	●	●	○	○	●
1999	○	●	○	●	●	●	●	●	○	●	●	●
2000	○	○	●	●	○	●	●	●	○	●	●	●
2001	●	●	○	○	●	●	●	●	●	●	●	●
2002	●	○	●	●	●	●	●	●	●	●	○	●
2003	●	●	●	●	○	○	○	●	●	●	●	○
2004	●	○	●	●	●	●	●	●	●	●	○	○
2005	●	○	●	●	●	●	●	○	●	●	●	●
2006	○	●	●	●	●	●	●	○	●	●	●	○
2007	○	●	●	●	●	●	○	○	●	●	●	●
2008	●	●	●	●	●	●	●	●	●	●	●	●
2009	●	●	○	●	○	○	○	○	●	●	●	○
2010	●	●	○	●	●	●	○	●	●	○	○	●
2011	●	○	●	●	●	●	●	●	○	●	●	●
2012	○	○	●	●	●	○	○	○	○	○	○	○
2013	○	○	●	●	●	○	●	○	●	●	○	○
2014	●	●	●	●	○	○	○	●	○	○	○	●
2015	○	○	○	○	○	●	○	●	●	○	○	●
2016	●	●	○	●	○	●	○	●	○	○	○	○
2017	●	○	●	○	●	●	●	●	○	○	○	●
陽線確率(%)	39.3	57.1	53.6	57.1	53.6	53.6	39.3	39.3	39.3	53.6	64.3	55.5

これらの年に何があったかについては、PART 3でも触れていますが、ここで簡単にまとめておきます。
　1992年は、住専（住宅金融専門会社）を中心に不良債権問題が意識された年です。
　1992年末から、BIS規制が本格的に適用されることになっていたことが要因のひとつといわれています。バブル崩壊後の不況に加えて、銀行の貸し渋りから、1990年以上に投資資金が市場から逃げていく年になりました。
　1995年は、メキシコ通貨危機に端を発した急激な円高が年初から5月まで継続しています。
　2001年は、積極的な景気刺激策でデフレ回避をはかった小渕政権から森、小泉政権へと移り、緊縮財政へと転換し、2000年のITバブル崩壊の流れを継続する格好で、日経平均が下値を掘り下げる動きになりました。
　2003年は、前年の2002年9月に金融相に就任した竹中氏が大銀行の破たん容認と受け取れる発言をしたことで、金融危機の懸念を払しょくできず、日経平均が2003年の年初に下降を継続する形になりました。
　2011年は、東日本大震災が3月にあったため、日経平均が一時的に大きく下げています。
　2016年は、2015年11月にIMFが人民元を2016年10月にSDR構成通貨へ加えることを発表したことで、2015年12月から人民元に対する売りが加速したのに伴い、2015年12月18日の時点で123.57円をつけていたドル円相場が、2月11日までに110.96円まで下げてしまいました。そのため、日経平均は、12月18日の高値1万9869円から2月12日の安値1万4865円まで、2か月程度

図表4-2 ● 日経平均が上昇する時期と値幅

年	押し目 (9月～1月)		戻り高値 (3月～6月)		上昇幅
	日付	安値	日付	高値	
90-91	1990/10/01	19781	1991/03/18	27270	7489
91-92	–	–	–	–	–
92-93	1992/11/17	15941	1993/06/04	21222	5281
93-94	1993/11/29	15671	1994/06/13	21573	5902
94-95	–	–	–	–	–
95-96	1995/10/27	17337	1996/06/26	22750	5413
96-97	1997/01/13	17019	1997/06/26	20910	3891
97-98	1997/12/29	14488	1998/03/09	17352	2864
98-99	1998/10/09	12787	1999/05/06	17300	4513
99-00	1999/09/24	16652	2000/04/12	20833	4181
00-01	–	–	–	–	–
01-02	2001/09/21	9382	2002/05/27	12081	2699
02-03	–	–	–	–	–
03-04	2003/11/19	9614	2004/04/26	12195	2581
04-05	2004/10/25	10575	2005/03/07	11975	1400
05-06	2005/10/21	12996	2006/04/07	17563	4567
06/07	2006/09/25	15513	2007/02/26	18300	2787
07-08	2008/1/22	12572	2008/6/6	14601	2029
08-09	2008/10/28	6994	2009/06/12	10170	3176
09-10	2009/11/27	9076	2010/04/05	11408	2332
10-11	–	–	–	–	–
11-12	2011/11/25	8135	2012/03/27	10255	2120
12-13	2012/10/15	8488	2013/05/23	15942	7454
13-14	2013/10/08	13748	2014/03/07	15312	1564
14-15	2014/10/17	14529	2015/04/23	20252	5723
15-16	–	–	–	–	–
16-17	2016/11/09	16111	2017/06/20	20318	4207

10月から翌年6月までの期間で上昇する確率74％

上昇幅の平均値 4007円

日経平均の1年間の動き方

で5000円幅の下げを経過しています。

　まとめてみると、「2月に前年秋からの安値を掘り下げる動き」は、特別に弱い状況があるからこそあらわれているわけです（2011年は、震災によるものなので、内実はほかの年とは異なるといえます）。

　言い換えると、これらの年は、投機が本来は乗るべき時期に積極的に乗れないほど、明確な弱気材料があった年だといえます。

　通常、上がるべき時期に株価が上げない動きは、極端に弱い動きであり、目立つ動きです。

　1月の通常国会開催中にその年の景気状況の弱さが明確になることもあり、そのような動きがあらわれている年は、必ず、経済対策が発表されています。

　以下は、経済対策とそれぞれの年のチャートを検証してみます。

　1992年は、8月28日に総事業規模10兆7000億円となる景気対策が決定され、その後、1993年4月にも総事業規模13兆円となる経済対策が決定されました。

　日経平均は、1992年8月に1万4191円で底値をつけた後、公的資金の積極的な下支えにも助けられて上昇を開始し、1993年9月の高値2万1281円まで、1年間継続し、7090円幅の上昇局面となっています（図表4-3）。

　1995年は、1月から4月までの期間で20円幅にもなる円高局面を経過していたため、それを止めるべく、日米独でドル買いの協調介入が行なわれました。

　ドル円相場は、1995年4月に79.8円をつけた後、98年8月に147.57円をつけるまで、長い円安場面となってい

図表 4-3 ● 1992〜1993年の日経平均日足

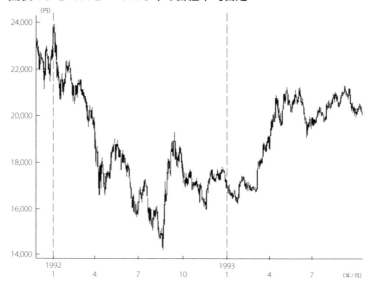

　ます。

　日経平均は、1995年7月の底値1万4295円から上昇を開始して、1996年6月の高値2万2750円まで、だいたい1年間で8455円幅の上昇局面となっています（**図表4-4**）。

　2001年は、日銀が初の量的緩和政策を行ないましたが、小泉政権発足後の緊縮財政が緩和効果を打ち消して、結果として、日経平均が翌年以降も下降を継続しています。

　2001年以降、日銀は、量的緩和、銀行保有株式の買い取り、資産担保証券の買い入れなど、金融機関、市場への資金供給を積極的に行なうなかで、GDPがプラス成長となっていましたが、株価の下落が継続していました。

図表4-4 ● 1995〜1996年の日経平均日足

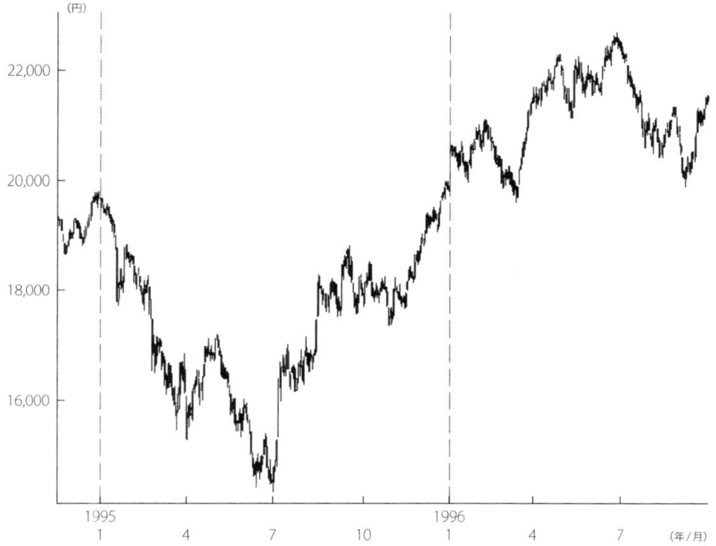

投資を消極的にしていた金融不安を払拭すべく、2003年は、莫大な公的資金を金融機関に投入し、銀行を救済することで、市場に安心感を与えました。2001年に大銀行も救済しないとした宣言を撤回したわけです。

手のひら返しだと言われましたが、結果として、日経平均は、2003年3月の底値7603円から、2007年2月の高値1万8300円まで、4年間で、1万697円幅の長期上昇局面となっています（図表4-5、図表4-6）。

2016年は、8月に事業規模28.1兆円となる「構造改革を進めるとともに未来への投資の加速を目的とする総合的かつ大胆な経済対策」を発表しています。

2016年は、2月12日に底値をつけた後、上昇を開始し、その流れが2017年末まで継続しています（図表4-7）。

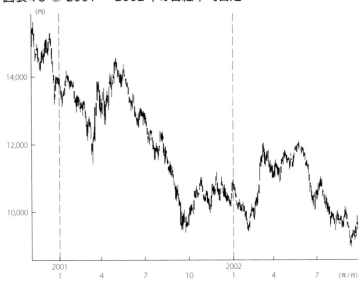

図表4-5 ● 2001〜2002年の日経平均日足

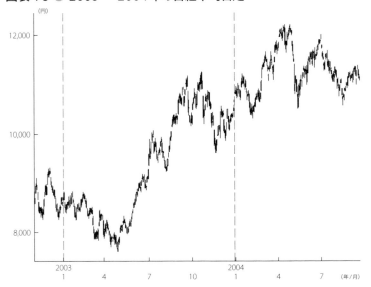

図表4-6 ● 2003〜2004年の日経平均日足

図表4-7 ● 2016～2017年の日経平均日足

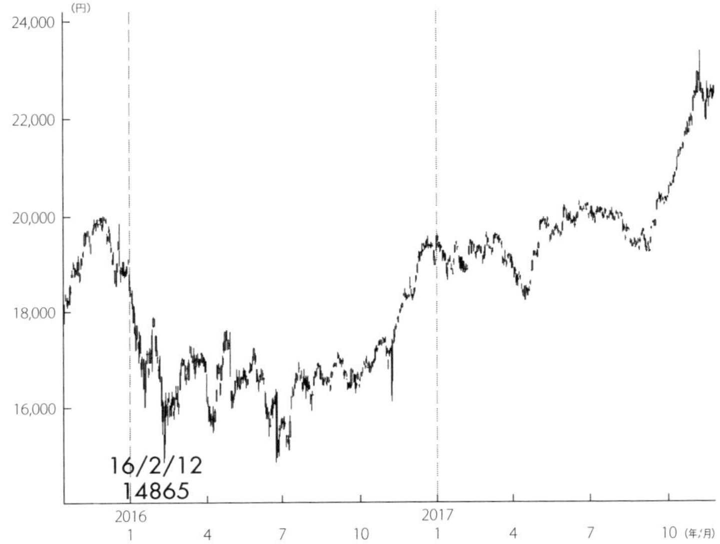

16/2/12
14865

2001年、2011年を除いた過去4回のケースでは、その年のうちに底値をつけて、少なくとも1年程度継続する上昇局面へ入っています。

特別に弱い年は、放置されず、株価を押し上げるのに十分な政策が実行されているわけです。

過去の経験則をみれば、日経平均は、

- 前年9月から1月の範囲で底値をつける
- 3月から6月頃までに最低でも2000円幅以上の上げ場面を経過する
- そうならず、9月から1月の下値を掘り下げる場合は、(政策のテコ入れを受けて) その年に底値をつけた後、1年継続する上昇の流れへ入っている

という動きが多くなっています。

　ただし、仕掛ける場面で予測した根本になる材料が変わってしまった場合は例外です。

　たとえば、日銀が量的緩和を決定して、政府が景気対策を発表したとなれば、当然、株価が上値を試す動きになることを想定します。その場合、上方向へ4000円幅の値動きを期待して、上昇の流れへ乗るわけです。

　しかし、突然、内閣が総辞職して政権が倒れ、新たな内閣の下、日銀が政策を変更してしまったら、それまで想定していた上げ幅があるという見方は消滅します。

LESSON 4-3

日経平均の1年間の値動きのパターン

　日経平均の年間の値動きは、資金移動の事情があり、そこに投機が乗ってくることによってあらわれています。
　取引量が多くなりやすい時期は株価が上昇しやすいため、投機が積極的に買いで入りやすく、取引量が少なくなりやすい時期は株価が下げやすいため、投機が積極的に売りで入りやすいと考えられます。
　投機が参加している市場では、年間で一定の振れ幅を消化するということを述べました。
　一定の振れ幅を消化するためには、

- 上げるべき時期に上げ幅を拡大する
- 下げるべき時期に下げ幅を拡大する

のどちらかの値動きになるはずです。
　そのため、年間で上昇するか、下降するか、一定のレンジで横ばいの値動きになるかは、特定の時期の変動幅や、それまでの安値、高値を更新したか否かをみればわかります。

以下に示す図表4-8から図表4-12は、1991年から2016年までのあいだの年間の値動きを分析したものです。

　図表4-8は、大発会の値位置よりも大納会の値位置が高かった年（年間が陽線引けした年）の月ごとの値動きを示しています。

　上昇する傾向があれば陽線、下降する傾向があれば陰線で示し、他の月と比較して、上下へどれだけ動いているのかを示しています。

　これをみれば、その年の価格が上昇する場合、3月、4月、7月などで上げ幅を拡大して、年末へ向けてさらに上昇する動きになっていることがわかります。

　図表4-9は、大発会の値位置よりも大納会の値位置が高かった年（年間が陽線引けした年）に最高値をつけた時期、最安値をつけた時期を示しています。

　強い年は、3月までの高値が年間の最高値になることはありません。たいていの場合、年の後半に年間の最高値をつける動きになっています。

　年間の最安値は、80％以上の確率で6月までにつけています。7月以降に安値を更新して、その後、上昇を開

図表4-8 ● 年間が陽線引けした年の月ごとの動き方

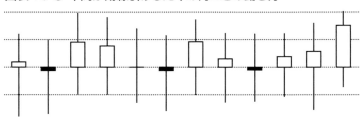

図表4-9 ● 年間が陽線引けした年の最高値、最安値をつけた時期

出現率	1月	2月	3月	4月	5月	6月	7月	8月	9月	10月	11月	12月
年間最高値	0%	0%	0%	13%	0%	13%	0%	6%	6%	6%	6%	46%
年間最安値	33%	6%	6%	20%	0%	20%	6%	0%	0%	0%	6%	0%

始するような年は、政府が経済対策を実施して、流れが急激に変化しているなどの動きがあったためだと考えられます。

　図表4-10は、大発会の値位置よりも大納会の値位置が低かった年（年間が陰線引けした年）の月ごとの値動きを示しています。

　これをみると、1年間が弱気に推移している年は、どの時期も弱い動きになりやすい傾向があります。そのなかでも、5月頃まで、あるいは年末は下値堅い動きになっていて、6月から9月頃までの期間で下げ幅を拡大しやすい傾向があります。

図表4-10 ● 年間が陰線引けした年の月ごとの動き方

図表4-11 ● 年間が陰線引けした年の最高値、最安値をつけた時期

出現率	1月	2月	3月	4月	5月	6月	7月	8月	9月	10月	11月	12月
年間最高値	30%	15%	7%	15%	15%	15%	0%	0%	0%	0%	0%	0%
年間最安値	0%	0%	0%	0%	0%	0%	0%	7%	15%	30%	15%	30%

　図表4-11は、大発会の値位置よりも大納会の値位置が低かった年（年間が陰線引けした年）に最高値をつけた時期、最安値をつけた時期を示しています。

　弱気に推移する年は、7月以降に最高値を更新していません。6月までの期間で戻り高値を確認して、その後、9月から12月頃までの期間で下値を掘り下げる動きになっています。

LESSON 4-4

日経平均が強気パターンの年の展開

　前項で書いたように、投機が積極的に参加している市場では、上昇すべき時期、下げるべき時期に、上下どちらかへ目標とする値幅を消化することで、その年の値動きがつくられています。

　そのため、上昇している年と下降している年では、はっきりとした値動きの違いがあらわれます。

　そして、同じ時期に上げ幅、下げ幅が拡大するわけですから、強気の年のパターン、弱気の年のパターンとして、似たような値動きになりやすいといえます。

　図表4-12は、日経平均が強気に推移した年の典型的な動きを示しています。

　強気の年は、前年からの上昇を継続、あるいは2月、3月に押し目をつけて上昇を開始します。

　4～6月に戻り高値をつけますが、その後の調整幅が小さく、7月以降も上昇を継続する展開になります。

　8～9月までに比較的値幅の大きな調整が入る場合でも、年初の安値よりもかなり上方で押し目をつけて、9月、10月頃までに上昇を再開します。

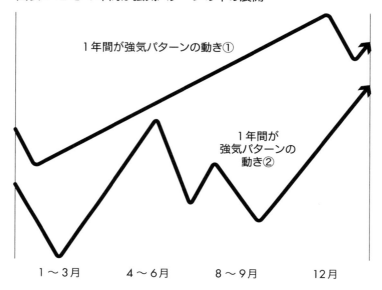

図表4-12 ● 1年間が強気パターンの年の展開

　10月頃にはっきりした上昇の流れができていると、その流れが翌年3月以降の上昇の流れができやすい時期まで継続する可能性が出てきます。

　2013年から2015年は、強気パターンの年の展開になっています（**図表4-13**）。

　2013年は、1月9日の安値1万398円から5月23日の高値1万5942円まで、ほぼ一本調子の上昇局面となり、5544円幅の上げ局面となっています。

　年の前半に年間の変動幅を消化してしまったため、その後、下げやすい時期にいったん価格が大きく下げた後、持ち合いの動きとなって、年末に5月の高値を少しだけ更新しています。

　2014年は、年明け後、いったん価格が下げて、4月11

図表4-13 ● 2013〜2015年の日経平均日足

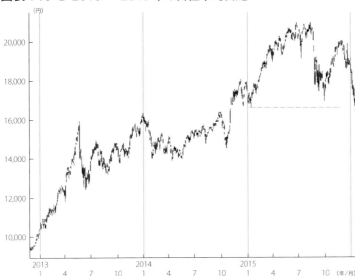

日に1万3885円で押し目をつけた後、上昇を開始しています。

　ただ、下げ傾向のある9月頃までは、年初の高値を超えられずに推移し、10月以降に上げ幅を拡大しています。

　2015年は、1月16日の安値1万6592円から6月24日の高値2万952円まで4360円幅の上げを経過して、上値を抑えられています。

　年の前半に年間の変動幅を消化してから、6月以降、価格が下げていますが、年初の安値を維持する格好で押し目をつけて、年末へ向けて、再度上値を試す動きになっています。

LESSON 4-5

日経平均が弱気パターンの年の展開

図表4-14は、日経平均が弱気に推移した年の典型的な動きを示しています。

弱気パターンの年は、前年の下げを継続、あるいは前年末に高値をつけてからの下げを年初も継続して、2月、

図表4-14 ● 1年間が弱気パターンの年の展開

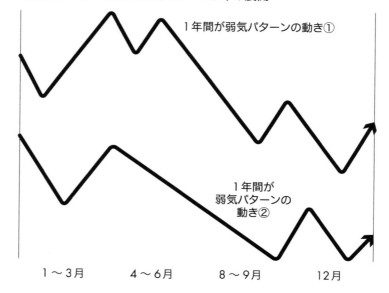

3月に押し目をつけて上昇を開始します。

　前年末に押し目をつけて、年初から上昇するケースもあります。

　2月、3月からの上昇が4〜6月に戻り高値をつけて下降して、その後の下げで2月、3月の安値を下回る動きになります。

　2月、3月までの下げ幅が大きいと、3月以降の戻りが年初の高値を上抜けない場合もあります。

　図表4-15は、弱気パターンの年となった2007年と2008年のチャートです。

　2007年は、2月26日の高値1万8300円をつけた後、3月以降、この高値を試す動きになりますが、結局超えられず、7月中旬以降、力尽きて下落を開始して、年末ま

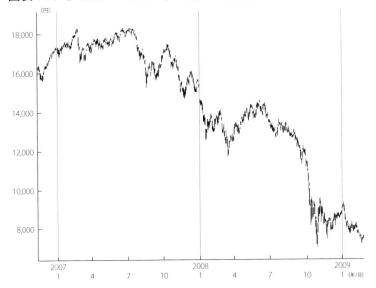

図表4-15　2007〜2008年の日経平均日足

で下げの流れを継続しています。

　下げ幅が大きくなっているのは、7月、8月、10月、11月ですが、7月と8月の下げで下値を大きく掘り下げて、年間の変動幅を消化しています。

　2008年は、1月4日の高値1万5156円を超えられない展開となっていました。6月までは下値堅く推移していましたが、6月から7月に下げ幅を拡大したことで、典型的な弱気パターンの年の展開となっています。

　9月にリーマン・ブラザーズの破たんのニュースで大幅安となりますが、その前に、年間の値動きのパターンを理解していれば、下げ方向へ大きな動きになりやすいことを推測できる状況でした。

LESSON 4-6

日経平均が横ばい・転換パターンの年の展開

　図表4-16は、日経平均が横ばい・転換の動きとなった年の典型的な動きを示しています。

　横ばい・転換パターンの年は、前年からの下げが3月、4月に押し目をつけて上昇を開始するパターンと、9月

図表4-16 ● 1年間が横ばい・転換パターンの年の展開

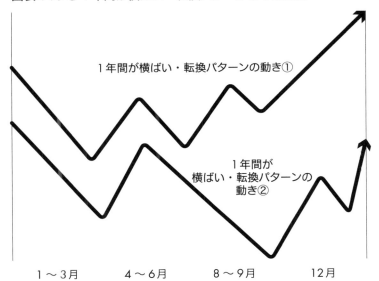

1年間が横ばい・転換パターンの動き①

1年間が横ばい・転換パターンの動き②

1〜3月　　4〜6月　　8〜9月　　12月

〜11月に押し目をつけて上昇を開始するパターンがあります。

　上昇を開始した後は、年初の値位置まで一気に戻す動きがあらわれます。

　一方、年初に上昇して、横ばいで推移する場合、年の中盤の下げが年初の安値付近で止まり、年末へ向けて上値を試す動きになりやすいので、結果として強気パターンとなる年が目立ちます（2014年と2015年を参照）。

　年の前半は横ばいでも中盤に大きく下値を掘り下げる場合、そのまま戻さずに、弱気パターンの年の動きになることが多くなっています。

PART 4 のポイント

- 投機は、毎年決まった時期に必ず起こるルーチンな事象を利用することを基本にしているため、値幅で利益を得るための取引で、最も長い期間の予測は、1年程度ということになる。

- 日経平均は、
  ①前年9月から1月の範囲で底値をつける
  ②3月から6月頃までに最低でも2000円幅以上の上げ場面を経過する
  ③そうならず、9月から1月の下値を掘り下げる場合は、(政策のテコ入れを受けて) その年に底値をつけた後、1年継続する上昇の流れへ入る
  という動きになることが多い。

- 日経平均が、年間で上昇するか、下降するか、一定のレンジで横ばいの値動きになるかは、特定の時期の変動幅や、それまでの安値、高値を更新したか否かをみればわかる。

- 日経平均には、強気パターン、弱気パターン、横ばい・転換パターンの典型的な動き方がある。

PART 5

日経平均の動きと採用銘柄の値動きの関係

METHOD OF THE ULTIMATE STOCK PRICES PREDICTION

LESSON 5-1

日経平均と採用銘柄と非採用銘柄の値動きは分けて考える

　市場全体の動きと個別銘柄の関係をみる場合、日経平均採用銘柄と非採用銘柄とで分けて考える必要があります。日経平均採用銘柄は、投機の影響を強く受けているため、日経225先物を動かすために使われていることがあるからです。

　2017年10月、日経平均は16連騰となり、9月8日の安値1万9239円だった株価が、11月9日の高値2万3382円まで上昇しています。16連騰はバブル期でもなかったとメディアで騒いでいましたが、よく考えればきちんと理由があって、そのような動きになっているのです。

　2014年10月、130兆円もの公的年金を運用するGPIFが資産構成割合を見直し、国内株式の割合を12％から25％に引き上げています。また、日銀は、2010年11月、1兆円のETFの買い入れを決定、14年、3兆円に増額、16年7月に6兆円にまで増額しています。

　2016年は、この発表を受けて、メディアでは、日銀が金融引き締めに入り、ETFの買い入れ額を減らしていく過程で、株価が暴落するのではないかと騒いでいま

した。しかし、株価は通常、上がるから、上げた分を押し戻されて下げるのです。

しかも、事前にこれだけ市場から浮動株を吸収し続ければ、投機に利用されるのはあたりまえです。

2017年10月は、上昇できる条件がそろったことから、一気に弾みをつけただけで、上げ場面でこのような演出になることなど、2016年の時点でわかっていたことです（**図表5-1**）。

このように、投機に左右されて上げ下げする日経平均には、日経平均採用銘柄が使われるのですから、このときに上昇した採用銘柄が、1年を超える長期保有を目的とした買いではないことははっきりしています。

2017年後半につけた採用銘柄の高値は、投機によっ

図表5-1 ● 2017〜2018年の日経平均の動き

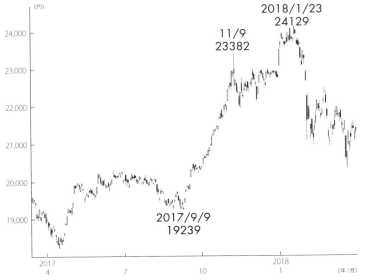

てつくられたものであって、いずれはげ落ちていくことがわかっているのです。

　それは悪いことではありません。優良企業であれば、投機によってつくられた贅肉が削ぎ落ちても、以前よりも高い値位置で落ち着くはずですから、1年間の上げ下げなど、長期で投資をしている人にとっては、どうでもいいことです。

　問題は、価格が上昇するときには、多くの投資家が利益を得られますが、価格が下げるときには、一部の投機家に利益が集中してしまうことです。投機にとって、上げ下げの繰り返しは、分散しているお金を集めて一部の人たちだけが儲けることに役立つのです。

　株の投資では、上昇局面で多くの投資家がまんべんなく利益を享受します。その過程で市場全体の資金量がふくれ上がります。急落は十分に拡大した資金を、先物などを使って一気にかき集める作業なのです。だから、数年に一度の割合で、どこかの市場で暴落が起こっているともいえます。

　日本の投資家は、そのようなしくみにうといので、かき集める側になりません。せっかく、政府が景気浮揚策を実行して株価が上がり、多くの人が儲かったとしても、引き締めに入るときの下げ相場において、多くの利益を投機（主として外資）に奪われてしまいます。

　それはさておき、大切なのは「投機に左右されて上げ下げが増幅される日経平均の採用銘柄の動きは、非採用銘柄の値動きとは異なる」ということを知って、株価予測をする必要があるということです。

LESSON 5-2

日経平均と採用銘柄の関係

　PART 2では、長期的に株を保有する場合、安定か成長のどちらかに投資するべきだと述べました。

　長期的な株価の上昇は、インフレと企業の成長によってあらわれる動きです。そしてそのどちらも企業の売上高や利益に反映されます。

　ここでは、単純に売上高の推移が企業の成長性を最も示していると仮定して、日経平均採用銘柄が投機によってどのような影響を受けているのかについてみてみましょう。

　売上高が増加傾向を継続している場合、長期的に株価が値位置を引き上げる動きになると考えられますが、その途中で、投機の積極的な介入が入ることによって、上値が重い期間や大きく下げる期間があらわれます。

　逆に売上高が下降傾向となっていても、その年の日経平均が大きく上昇する場合、投機が採用銘柄に対して幅広く買いを入れるため、日経平均の上昇期間だけ、株価が上昇を開始します。

　図表5-2は、上段が日経平均月足で、下段が同期間の

図表5-2 ● 日経平均とテルモ（4543）月足

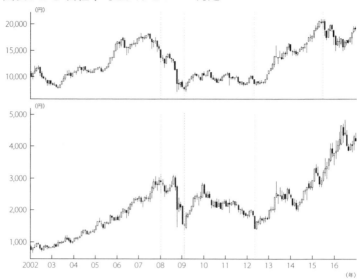

図表5-3 ● テルモの売上高推移

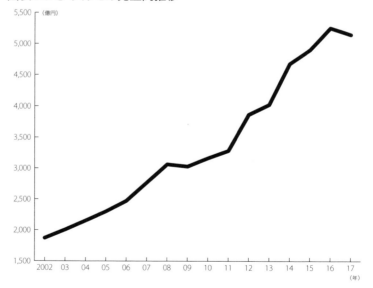

テルモ月足です。

　また、**図表5-3**は、チャートの期間中のテルモの売上高の推移を折れ線グラフで示しています。

　テルモは、チャート掲載期間となる2002年以降、売上高が増加傾向を継続しています。

　一本調子に上昇するわけではないとしても、負荷が与えられなければ、株価も緩やかに右肩上がりの上昇を継続していたと考えられます。

　しかし、日経平均が2007年から2008年にかけて大幅に下落して、その後、2012年まで上値重く推移したことで、テルモの株価も上値を抑えられています。

　それまでの上昇基調から反転下降を開始したのは、日経平均に遅れて2008年の年初からになりました。

　押し目をつけた時期は、日経平均と似た地点となっています。押し目をつけた後は、日経平均が上昇する過程で、一気に下げ分のほとんどを戻す展開となっています。

　2009年末に戻り高値をつけた後、2012年まで日経が上値重く推移する過程で、テルモの株価は、2009年年初の安値まで下げています。

　このように上値を抑えられていた経緯から、2012年の中頃に早々と押し目をつけた後は、上昇の流れへ入り、日経平均が上昇を開始する過程で、上げ幅を大きく伸ばしています。

　図表5-4は、上段が日経平均月足で、下段が同期間のオリンパス月足です。

　また、**図表5-5**は、チャートの期間中のオリンパスの売上高の推移を折れ線グラフで示しています。

図表5-4 ● 日経平均とオリンパス (7733) 月足

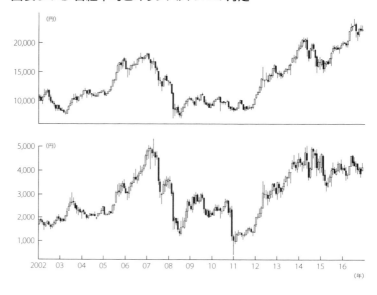

図表5-5 ● オリンパスの売上高推移

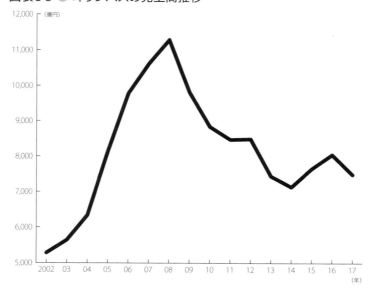

オリンパスの売上高は、2008年をピークにして減少傾向となっています。
　オリンパスの株価は、日経平均の上昇と合わせて、2007年まで順調に上げてきました。
　日経平均が2006年4月に戻り高値1万7563円をつけた後、2007年2月の高値1万8300円まで堅調に推移していますが、この間の上げは、戻り高値を若干超えた程度にしかなっていません。
　しかし、オリンパスは、2006年から2007年にかけて、目立った調整もなく、それまで以上に強い上げの流れをつくっています。
　2009年に押し目をつけた後、日経平均に合わせて上昇していますが、下げた分の半値にも届かない程度で上値を抑えられて、その後、2011年末には、2009年の安値を下回る程度まで下げています。
　2012年以降、日経平均の上昇に合わせて上昇して、2015年に2007年の高値へ接近しています。
　しかし、オリンパスの業績は、リーマンショックとともに大きく減少に転じていました。業績の実情を伴わない上昇のため、2007年の高値を超える余力が残されていないと推測できます。株価は2015年8月にピークをつけて、その後、2017年10月から11月にかけての日経平均の急騰場面でも、2015年8月の高値を超えられませんでした。
　図表5-6は、上段が日経平均月足で、下段が同期間の東京ドーム月足です。
　また、図表5-7は、チャートの期間中の東京ドームの

図表 5-6 ● 日経平均と東京ドーム (9681) 月足

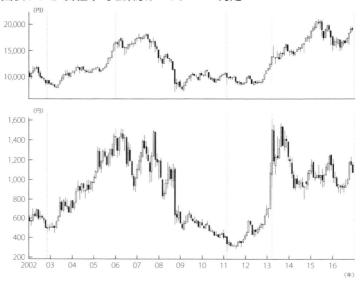

図表 5-7 ● 東京ドームの売上高推移

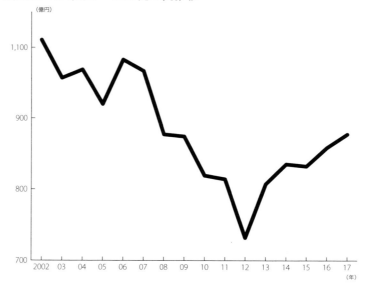

売上高の推移を折れ線グラフで示しています。

また、東京ドームは2007年1月期の決算で、純利益に大きな赤字を計上しています（図表5-8）。

これは、金融事業で貸倒引当金等の損失計上が引き金となったことによるものです。その結果、リゾート事業は売却、金融事業については清算、売却しています。

東京ドームは、一貫して売上が減少していて、純利益も伸びていません。2012年以降、少しずつ売上が伸びていますが、それが利益へ反映される段階ではないようです。

通常、売上が減少傾向なら、利益が増加しにくいのですが、そのときどきによって、売上が減少していても、利益だけ増加している場合があります。それは、主に本

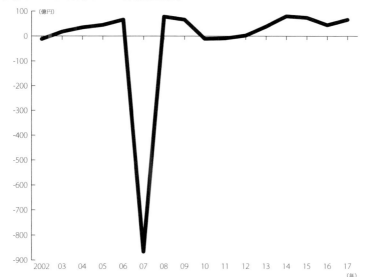

図表5-8 ● 東京ドーム純利益推移

業以外での収入があったことによるものですから、一時的なもので終わりやすいといえます。したがって、純利益の増加は、株価にも反映されやすいのですが、その年だけの動きで終わることも考えておく必要があります。

ちなみに、売上が伸びていても、設備投資や人件費がかさむなどで利益の伸びが悪く、株価が伸び悩むケースもあります。ただ、その場合でも、成長を期待した長期的な株価の上昇の流れに変わりはありません。

東京ドームは、2002年以降、売上減少が続いていますが、2003年以降、日経平均の上昇とともに、1000円幅の上昇場面となっています。

その後、日経平均が2006年に高値圏へ位置すると、早々と2006年1月に最高値をつけて、その後は伸び悩んでいます。

日経平均が下降を開始すると、そのまま下げの流れを継続して、2009年以降の一時的な反発場面でも、小幅に値を戻す程度の動きになっています。

2013年の日経平均の上昇局面では、一気に以前の戻り高値まで上昇して、2013年に早々と戻り高値を確認して、その後、2017年11月までの日経平均の上げ場面でも、上昇の流れをつくっていません。

政策によって、日経平均が大きく上昇するとき、積極的に買われて、早い段階での上昇場面で日経平均を上昇に導くことに役立っているようにみえます。

図表5-9は、上段が日経平均月足で、下段が同期間の三菱自動車月足です。

また、図表5-10は、チャートの期間中の三菱自動車

図表5-9 ● 日経平均と三菱自動車 (7211) 月足

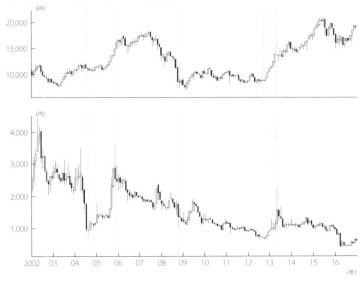

の売上高の推移を折れ線グラフで示しています。

　三菱自動車は、2000年の大規模リコール隠しが発覚して以降、売上高の減少傾向が続いています。

　株価も下降するだけの動きとなっていますが、日経平均が上昇する場面だけ、いったん値を戻す展開となっています。

　ただ、日経平均の初期の上昇に寄与しているだけで終わっていることが多く、早々と戻り高値をつけた後は、日経平均が上値重くなる場面で大きく下げて、結果、日経平均の上げ下げの一連の動きが終わる頃、以前の下値を下回る動きになっています。

　東京ドームや三菱自動車の動きをみると、積極的に以前の高値を更新できない銘柄は、日経平均が上昇を開始

図表5-10 ● 三菱自動車の売上高推移

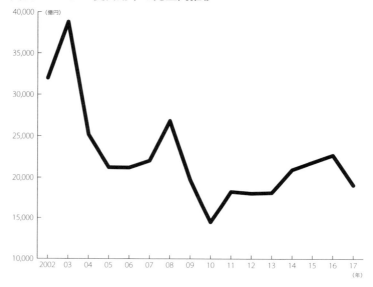

する早い段階で、まず一気に上げて、そしてこれ以上へ行かない地点をつけてしまっていると推測できます。

　言い換えると、東京ドームや、三菱自動車が、今後、2013年につけた高値を超えるような展開があるなら、これらの銘柄の状況が変わってきたのか、あるいは、日経平均が次の上昇の段階へ入ったかのどちらかが考えられます。

LESSON 5-3

採用銘柄の値位置でみる日経平均の上げ余地、下げ余地

　日経平均と個々の採用銘柄の値動きの関係について紹介してきましたが、ここでは、日経平均が上昇、下降の流れをつくるとき、それぞれの銘柄が全体としてどのような動きになっているのかについて、業種別に指数をつくって確認してみましょう。

　図表5-11は、日経平均採用銘柄のすべてについて個別銘柄の「上げ余地指数」の計算を行ない、業種別（33業種）に分類して業種ごとに上げ余地指数の平均値を1本の折れ線グラフとしてまとめ、33業種すべての折れ線グラフを日経平均のローソク足とともに掲載したものです。

　銘柄ごとの上げ余地の算出方法は、現在から過去5年間の最高値、最安値を使って算出しています。

　具体的には、過去5年間の最高値A、過去5年間の最安値B、現在値がCとした場合、計算方法は以下のとおりになります。

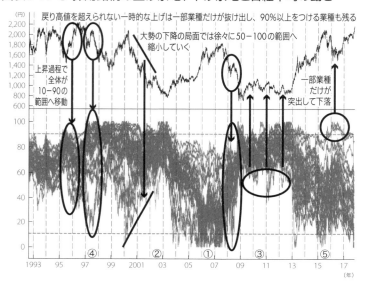

図表5-11 ● 採用銘柄の上げ余地、下げ余地と日経平均の動き

$$個別銘柄の上げ余地指数（\%） = \frac{A - C}{A - B} \times 100$$

　上げ余地指数は、数値が高いほうが上げ余地が十分にある状態を示し、価格が上昇していると、徐々に数値が低くなります。数値の低い地点は、もう上げ余地がほとんどないので、逆に下げ余地が十分にあるということになります。

　図表5-11では業種別に見分けることはできませんが、全業種（採用銘柄全体）の指数をざっとまとめてみながら、日経平均の上昇、下降の局面ごとの動きと比較してみましょう。

①日経平均が上昇してきた最終局面

上げ余地指数は、日経平均の値幅と日柄を伴った上昇局面の最終段階で、全体が90％以下となり、一部業種が10％以下をつけます。

　日経平均は、2003年3月に押し目をつけて、上昇を開始しています。その後の2007年までの上昇局面では、多くの指数が50％以下へ位置して、全体が90％以下まで下げています（図表5-11の①）。

　2006〜2007年は上げ渋る銘柄であっても、以前の安値よりも高い値位置になっていて、全体として、以前の高値圏へ近づいているか、超えている動きが目立ってきている状態です。

　このような状態になると、日経平均がさらなる高みを目指すには、いままでにない変化が必要です。

　日経平均採用銘柄のほとんどが、「業種に関係なく底上げして、好調な売上を続けて長期的に値上がりが見込める」ような状況へ入ったという雰囲気が共有される必要があります。

　しかし、バブル崩壊以降の成熟した経済情勢においては、そういう雰囲気になることは見込めないので、全体の上げ余地の数値が下がり、全体の上げ余地があまりなくなった段階で、日経平均の上値が重くなります。

② 日経平均が下落してきた最終局面

　多くの銘柄が過去の安値圏に位置する結果、上げ余地指数が全体的に50％よりも高い水準に位置して、一部の業種が90％を超えているような場合、日経平均の下げ余地がほとんどないことを示しています。

2000年からの下げ局面では、2002年後半の時点で、ほとんどの指数が50％以上をつけている状況になっています（図表5-11の②）。

　また、2009年以降の持ち合い局面では、全体として上値重い状況となり、全体が50％以上で推移していますが、これは急落によって、高値がかなり上になった影響もあります（図表5-11の③）。

　このような状態では、政府が積極的に株価を下支える政策を実施し、日経平均が下値堅く推移するか、上昇を開始する準備へ入ると考えられます。

③日経平均が上昇するものの以前の高値は抜かないような状況

　日経平均が値幅と日柄が大きい上昇をみせているものの、以前の高値を抜くような上げにならない場合、上げ余地指数の全体が下げるのではなく、一部の銘柄の上げ余地指数が下げる動きになります。

　図表5-11では、1997年の日経平均の一時的な上昇場面で、一部銘柄だけが突出して上げた結果、上げ余地指数が下がっていることがわかります（図表5-11の④）。

　このときは、日経平均への寄与度の高い値がさ株を中心に、大きく動きやすくなっていると考えられます。

　また、上昇の早い段階で、三菱自動車でみられたような全体の底上げがあって、日経平均を大きく動かす結果になっていると考えられます。

④日経平均が下落するものの以前の安値を割らないような状況

　日経平均が値幅と日柄が大きい下落をみせているものの、以前の安値を割るような下げにならない場合、上げ余地指数の全体が上げるのではなく、一部の銘柄の上げ余地指数が上げる動きになります。

　2016年の上昇途中の値幅の大きな調整場面では、一部銘柄が下げた結果、上げ余地指数が90％を超える動きとなって、日経平均の下げをけん引しています（**図表5-11の⑤**）。

　このとき、売上が増加していないにもかかわらず上昇してきた銘柄や、日経平均をけん引してきた寄与度の高い銘柄が一気に下げることになります。

PART 5 のポイント

- 「投機に左右されて上げ下げが増幅される日経平均の採用銘柄の動きは、非採用銘柄の値動きとは異なる」ということを知って、株価予測をする必要がある。

- 売上が右肩上がりの銘柄は、日経平均の動きよりも下げにくく、日経平均の動きよりも上げやすい。

- 売上が右肩下がりの銘柄は、日経平均の動きよりも下げやすく、日経平均の動きよりも上げにくい

- 日経平均には、
  ①すべての銘柄が上げて新高値をつけるような局面
  ②すべての銘柄が下げて新安値をつけるような局面
  ③一部の銘柄が上げて戻り高値をつけるような局面
  ④一部の銘柄が下げて押し目をつけるような局面
  がある。

PART 6

長期、中期、短期の期間の考え方

METHOD OF THE ULTIMATE STOCK PRICES PREDICTION

PART 6 長期、中期、短期の期間の考え方

LESSON 6-1

長期の予測は1年間の市場全体の方向

　株価予測で、長期、中期、短期の値動きについて書くときに、期間の定義があいまいになっていることが多くありますが、区切りが理解できていなければ、その投資がどうなれば成功なのか、何を狙っているのか、目的があいまいになってしまいます。

　明確な目的があるからこそ、それに向けた効率の良い努力ができるのです。

　わからない未来について考えているのだから、目的くらいははっきりとしたイメージを持っていなければいけません。

　PART 6では、まず、PART 5までに紹介してきた長期の期間について、おさらいして、それに対して中期、短期がどのような期間を意味しているのかについて解説します。

　PART 1で触れたように、企業の成長性を期待した投資の場合、期間など気にする必要はなく、長期での保有を目的とした投資になります。

　この場合の長期とは、1年以上です。10年くらいの期

間になるのか、もっと長く資産として持ち続けるのかは、年を追うごとに、（市場全体の動きに関係なく）順調に売上が伸びているのか、利益を効率よく投資に回せているのかなどをみながら、判断します。

　判断の優先順位を決め、ポイントとしている優先順位の高い材料があらわれるときだけ、予定どおりでいいのか否かを考えればいいのです（何も判断基準を持たず、塩漬けにするのだけはやめましょう）。

　一方、一定の期間で株価が上昇する動きに期待して利益を得たいのであれば、PART 4で触れたように、長期とは、最大で1年間の値動きになります。

　金融市場では、米国の年度末を前にドル離れが進むことがある、企業の決算期を前に銘柄入れ替えがあるなど、毎年、必ず決まった時期に資金の移動の事情があり、市場全体が強気になりやすい時期、弱気になりやすい時期がはっきりとわかれています。

　その年が上昇するか否かは、上昇しやすい時期に年間の変動幅をとりにいけるか否か、下げやすい時期に下げ渋るか否かなどの値動きでみえてくるわけです。

　図表6-1は、年間が強気に推移するか、弱気に推移するかの判断のポイントを示しています。

　日経平均採用銘柄が年間で最も買われやすい時期は、3月から4月に向けた上昇です（場合によって6月頃まで継続することもあります）。取引量が最も多くなりやすい時期に、積極的な買いが入り、上昇して高値をつけるわけです。

　その年が弱気に推移する場合、このときの高値を超えられるほどの積極的な上昇を6月以降に期待できるのか

図表6-1 ● 年間の強弱の判断のポイント

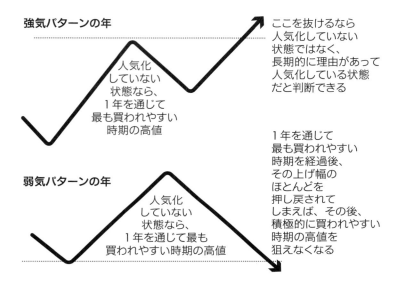

といえば、むずかしいといえます。

　買いは市場参加者の積極性がなければあらわれません。投機は、資金移動の事情に乗っているのですから、一段落して、なお、高値をとりにいくには、特別な理由が必要です。

　そのような事情から、日経平均は、1年間が弱気に推移する場合、6月頃までの高値を超えられません。

　言い換えると、6月までの高値を7月以降に超える展開になると、その年は強気に推移する年となって、上げ方向へ年間の変動幅をとりにくる、年末まで堅調に推移しやすいと推測することができます。

　弱気パターンになる場合のポイントは、戻り高値をつけた後、6月までにつける安値まで下げるか否かになり

ます。

　先ほど述べたとおり、年間で最も人気化しやすい時期に、積極的な買いが入って高値をつけた後の下げが、それまでの上昇分をすべて押し戻す動きになった場合、その後の日経平均が再度上昇を開始して、6月までにつけた高値をとりにいく余力があると考えられるでしょうか。

　10月以降、翌年を見据えた動きになった場合、そういう展開も考えられますが、政策による積極的な株価操作がなければ、少なくとも10月頃までの期間で、上値の限界がはっきりしていることになります。

　4月、6月以降、それまでの高値を超えられないのですから、その年の変動幅を消化するための積極的な行動は、下げる方向であらわれると考えられます。

　投機での長期の予測は、およそ1年間の値動きが全体で上昇、横ばい、下降のどういう方向になるのかを考えることです。方向の判断は、上げやすい時期、下げやすい時期の値動きでみえてきます。

　投機で長期を予測する場合、まず、市場全体の方向と変化できる値幅を想定します。

　その後に、個別銘柄での状況を確認する作業に入ります。

　これから市場全体が新たな上昇を開始すると考えるなら、市場全体が弱気のときに、売上高が順調に増加し、それに伴い利益も増加している企業は上昇する可能性が大きいといえます。それまで、市場全体を押し下げるために、不当に株価が下がっていたのですから、市場全体が浮上するとき、ひときわ勢いよく上昇する可能性があ

ります。

　市場全体が弱気に変化するとみて、個別銘柄で信用売りを考えるなら、売上が減少しているにもかかわらず、市場全体の上げに合わせて大きく上昇している銘柄なら、下降を開始する際、それまでの上げ幅のすべてを押し戻されることが期待できます。

　値幅で利益を得る投資での長期をみる場合、最優先に考えるべきポイントは、その年の市場全体の方向です。どこからどこまで動くかについては、毎年の季節性から推測することができます。

　そして、投資対象にする銘柄を決めるとき、最初に考えるポイントは、毎年繰り返される振れの大きさです。これは政府・日銀の政策によって推測することができます。

　業績から想定される株価の動きが市場全体の流れによってゆがめられている場合、それが修正されるとき、その銘柄の振れ幅が大きくなる可能性があります。

LESSON 6-2

中期は季節ごとの値動きの違い

　長期が半年から1年の方向だと前項で書きました。中期は、一定の期間ではなく、季節性と考えてください。
　たとえば、長期の上昇という場合、「その年が1年間、強気に推移する」ということを意味しますが、1年間、ずっと上昇を継続するわけではありません。上げやすい時期に投機が仕掛けて、上げ幅と上げ期間を拡大させて年間の変動幅をつくり出しますが、それ以外の時期は、むしろ、手仕舞いを中心にして上値を抑えられやすくなります。
　中期は、このような季節ごとの値動きの違いを意味しています。
　日経平均の上昇時期は、4月、6月へ向けた動きと、（翌年の4月、6月へ向けた動き、あるいは年末に景気が上向くことからの仕掛けとしての）年末へ向けた動きの2つがあります。
　その途中にある7月から9月にかけては、上値が重くなりやすい、下げやすい時期となります。
　たとえば、**図表6-2**の上段の下げ部分を表現すると、次のような説明の仕方になります。

図表6-2 中期の値動きの読み方

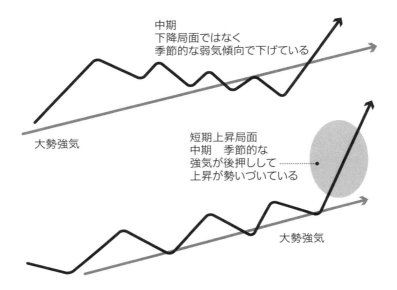

「上昇場面で、明確な上昇を経過した後、上値を抑えられて、中期の調整局面へ入った」

調整といっても、いろいろな大きさがあるので、どういう調整なのかは、結果でしかわかりません。しかし、1年間の値動きを理解できていれば、その時点での調整入りがどういう意味を持つのかがすぐに推測できます。

図表6-2の下段は、強気の年の下げやすい時期に下値堅く推移して、下値を切り上げる動きになったことで全体として上げ期間が長いようにみえることになります。

このような動きになる場合、「下げやすい時期に下げないほど下値堅い、積極的な買いが入っている」と考えられることから、上げやすい時期に入ると上げが勢いづきます。

LESSON 6-3

短期ははっきりとした一定の値動きの流れが継続している期間

　一定の期間に区切りをつける理由は、「そこまでとそこからが異なる」ということを示すためです。

　長期は、その年の政策の範囲内で判断します。翌年は、翌年の政策に合わせて、1年間の方向を推測することになります。

　中期は、資金移動の事情によってあらわれる値動きの傾向が異なる時期（季節性）による区切りになります。

　短期は、投機を仕掛けている市場参加者が積極的になっている状況が継続しているか否かを区別するための区切りになります。

　これまで、投機は資金移動の事情に付け込んで仕掛けていると紹介してきましたが、上昇を開始する場所や、一定の値動きの流れを継続する期間が、あらかじめスケジュールとしてわかっているわけではありません。

　図表6-3は、2017年の日経平均日足です。

　これまで、日経平均は、9月から年末にかけて押し目をつけて、再度上値を試す流れになる可能性があると述べてきました。

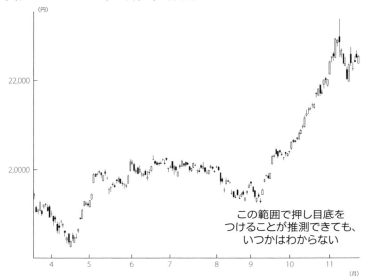

図表6-3 ● 2017年の日経平均日足

この範囲で押し目底をつけることが推測できても、いつかはわからない

　そのことを頭で理解して、実際に日経225先物や採用銘柄に買いを入れようと考えたとしても、どこで、いくらから上昇を開始するのかがわかりません。

　資金移動の事情で、株価が上昇を開始するということが弱みだとしても、そういう動きになるのは、9月以降、何か月かの範囲があり、値位置がどこからスタートするのかもわかりません。

　2017年の場合、たまたま9月に押し目をつけて、上昇を開始していますが、押し目をつける過程では、何度も下値を試す動きを経過しています。

　9月8日の安値1万9239円が最も安い地点になりましたが、もう一段の下げを経過してから上昇することも十分に考えられたわけです。

押し目をつけて上昇しやすいからといって、日程や値位置までわかっているわけではないのです。
　実際に投資してみると、押し目をつけるという読みが1週間ずれてしまい、その5営業日で500円幅以上の下げを経過して、持っていられなくなることも考えられます。
　値位置に注目して、仕掛けたとしても、1か月くらい横ばいに推移して、押し目をつけるという自分の読みに自信がなくなって、やめてしまうことも考えられます。すぐに儲けたいと考えているのに、なかなか動かなければ、不安が強くなるのは当たり前です。
　このような不安は、大口、小口にかかわらず、投機家全体が抱えています。投機家は、暗闇のなか、手探りで動いています。
　だからこそ、目印が必要です。
　おおまかには、毎年、繰り返しあらわれる資金移動の事情からわかりますが、もっと正確に、どこから、いくらからなのかということを、他の投機家に先んじてつかみ、仕掛けておきたいと考えるものです。
　そのため、的が絞られる過程では、値動きはだまし合いとなります。しかし、制限時間いっぱいになると、多くの投機家が積極的になることで、値幅の伴った動きになり、それが「始めるよ」という合図になります。
　価格が上昇するためには、個人プレーではダメなのです。市場参加者の共通の認識として、これから、どこまで上げるという意識を共有し、動き出す必要があります。
　そうしなければ、値幅と日柄の伴った上げの流れなど

形成できません。

　9月8日に押し目をつける場面でも、12日までの3営業日は、6月からの下げ場面で見られなかった上げ幅となって、これから上げるというサインになっています。

　11月9日は、1営業日で860円幅の値動きになっています。午前中、一気に2万3382円まで上昇して、午後には上げた分以上に下げる展開になり、上値を抑えられています。

　これは、それまでの上昇過程になかった反対方向の値幅の伴った動きですから、それまでの勢いの強い動きが終わったというサインになります。

　投機家は、お金を失うリスクと隣合わせですから、常にビクビクしています。

　自分の考えが合っているのか、システムが適正か、条件を変更したほうがいいのかなど、市場の状況と自分の投資の方法が合っているかをいつもチェックしています。そういう多くの市場参加者が同じ認識を持つなかで進まなくては、儲けることができる値動きとはならないからです。

　だから、多くの投機家が積極的になっているときだけ、みなが同じ認識のなかで動いていることを確認できる証として、いつも似たパターンをつくりやすいのです。

　短期の値動きとは、「そういった共通の認識のなかであらわれるパターンが継続している期間」を意味しています。

　一定の値動きの流れが始まり、終わるまでの動きが短期という期間になります。

LESSON 6-4

ファンダメンタルズ分析とテクニカル分析

　株価を予測するための手法として、ファンダメンタルズ分析、テクニカル分析という区分があります。

　一般的にファンダメンタルズ分析は、企業の業績面から将来の値位置を予測する方法で、テクニカル分析が値動きそのもの(そこから推測される需給の状況)から将来の値位置を予測する方法です。

　ここでそれぞれの定義を整理しておきます。

　期間に制限がない投資、すなわち企業の成長を期待した投資では、テクニカル分析は意味を持ちません。

　経営の安定性や成長性をPART 2で紹介した指標等を基準にして判断すればいいだけです。

　買いを入れるベストの場所を決めるとするなら、経済情勢や季節ごとの需給要因から市場全体が弱気に推移してきた後、政府が経済を重視する政策へ舵をきったときです。

　一方、値動きだけで利益を得る、期間に制限のある投資(投機)では、テクニカル分析が有用性を持っています。

　経済情勢や季節ごとの需給要因を背景とした市場全体

の大きな流れを前提とする点は同じです。そのうえで、ビクビクしている投機家、短期の市場参加者が、一定の値動きの流れをつくるため、共通の認識のなかで動く性質によってあらわれるパターンをみつけ、そのパターンを利用して利益を出す戦術を考えることをテクニカル分析と呼んでいます。

　このように、ファンダメンタルズ分析、テクニカル分析をしっかりと定義し、それぞれがどういう場合に有用なのかを、頭のなかで整理しておくことが大切です。

LESSON 6-5

サイクルが
できる理由

　図表6-4は、2015年7月頃から2017年9月頃までの日経平均週足です。

　チャートの上の部分に、安値から安値までの期間を示しましたが、ほぼ一定の間隔になっています。こうした繰り返しをサイクルと呼びます。

　このサイクルが起こるのは、不思議なことではありません。

　年間の資金移動の事情から、上げやすい時期、下げやすい時期があるのですから、下げやすい時期、押し目をつけやすい時期の期間を区切れば、一定の間隔になるのです。

　チャートでは、20週から24週の間隔で安値をつけています。だいたい1年間（50週程度）に2〜3回程度、押し目をつけるという区切りになっています。

　資金移動の事情で、上げやすい時期が1年に2回あるわけですから、それを調整する動きとして、押し目をつける時期も2〜3回あるのだと考えると、なるほどと思うでしょう。

ただ、このサイクルの期間は、長くなってしまうこともあります。長期の下降局面では、上げている期間よりも下げている期間のほうが長いので、目立った安値と安値を結ぶ期間が長くなりがちです。

また、大勢の上昇が転換して、最初の下げへ入る場面など、上げなければいけない時期に下げ方向へ推移すると、サイクルの期間が長くなってしまいます。

1年を超える期間のサイクルは、政策の転換によってあらわれるものだと考えられます。

サイクルは、意図的に新たな動きをつくり出すことによってできる上げ下げの一連の動きです。

企業の成長に投資している人からすれば、本来、価格は、安定していることが望ましいのです。大きく上げた

図表6-4 ● 日経平均週足

り下げたりする動きは、投機家の必要があってつくり出されている動きに過ぎません。サイクルは、期間の長さにかかわらず自然発生的に起こるようなイメージがありますが、決してそうではないのです。

　非常に短い数日、数十日単位のサイクルは、投機家の不安心理がつくり出しているものです。

　投機家は、共通の認識が持てる動きをつくり、多くの市場参加者の同調を促すのです。

　短期的につくる似たパターンについては、続くPART7で詳しく解説します。

PART 6 のポイント

- 株価予測をする場合、その期間としては、
  ① 期限の定めのないもの……企業成長への投資
  ② 1年……長期
  ③ 季節ごと……中期
  ④ 市場参加者が積極的になっている期間……短期
  があり、期間の定めのある投機では②〜④について、順に積み上げて考えることが大切。

- 期間に制限がない投資、すなわち企業の成長を期待した投資では、テクニカル分析は意味なく、経営の安定性や成長性をファンダメンタルズ分析で判断すればいい。

- 企業の成長を期待した投資において、買いを入れるベストのタイミングは、経済情勢や季節ごとの需給要因から市場全体が弱気に推移してきた後、政府が経済を重視する政策へ舵をきったとき。

- 値動きだけで利益を得る、期間に制限のある投資（投機）では、短期の市場参加者がつくる一定の値動きの流れをみつけて利益を出す。

PART 7

短期の市場参加者が
つくり出す
一定のパターン

METHOD OF THE ULTIMATE STOCK PRICES PREDICTION

LESSON 7-1

短期の値動きを予測できる理由

PART 7では、PART 6で触れた「なぜ短期の値動きを、テクニカル分析の一定のパターンによって予測できるのか」ということついて解説します。

短期の値動きを読む際に、私たちが確認したいのは、市場参加者がチャートの背後でキラキラと目を光らせ、いつでも出動する準備があるのかどうか、すなわち、そういう市場参加者の思い、意志です。

そもそも、投機において「意味のある短期の値動き」とは、「多くの市場参加者がその銘柄に注目し、積極的に仕掛けたいと考えるなかでの動き」です。そういう意志の裏付けのないただの株価の値動きは、ただフラフラと上がったり下がったりしているだけであって、投機で利益を上げようと考えている人にとって何の意味もありません。

短期の値動きが一定のパターンとして意味をもつ状況は、「すぐに積極的に仕掛けようと注目しているとき」です。

そして、そういう意志の裏付けのある場合は、数日間

の一定のパターンをみて、その後の展開が推測できるのです。

　以下では、短期の値動きをより細かく表現するため、ローソク足という書き方に変更します。

　チャートをみる場合、たいていローソク足の動きをみています。

　ローソク足が市場の参加者の思い、意志をあらわしているとするなら、その思い、意志とは何かといえば、市場参加者の「儲けたい」という欲求です。儲けたいという欲求をより具体的にいえば、「短い期間で効率よく儲けたい」ということです。

　価格の大きな変化は、短い期間で利益を得たいという人たちが集まってつくっています。短期の市場参加者（投機家）は長くだらだらと利益が出るまで待っているわけではありません。

　短期間で利益を追求する人たちは、イナゴの大群のようなものです。いっせいにワッと入ってきて、上げから下げまでのすべてを食べつくして出て行きます。出て行ったときには、もううまみなどすべてなくなっていて、その後、当分のあいだは価格がほとんど動かない、あるいはフラフラと上がったり下がったりするだけ、すなわち「意志を持った人」が参加しない状況になってしまいます。

　そういう状況で、株価を予測して儲けることは不可能です。したがって、われわれは、ローソク足を使って（短期の値動きの推移をみて）、イナゴの群れがどこにあらわれているかを探す必要があります。

ローソク足のパターンを裏付ける意志が「短い期間で効率よく利益を得たいという短期の市場参加者の思い、意志」であるとすれば、そういうローソク足のパターンがあるときは、短期の市場参加者が、その動きによって効率よく利益を得られている状態だということです。
　短期の市場参加者が、利益を得られるかもしれないと考えて、その銘柄に目をつけて、そこに入ってくるとします。
　その最初の動きは、値位置や状況によって、市場参加者の注目度が変わり、あわてて仕掛けることで、比較的値幅の大きな動きがあらわれるため、誰にでもわかる動きとしてみえてきます。
　ただ、一時的に注目を集めたとしても、そのまま、利益を得たい市場参加者がそこにい続けて、積極的な投資を繰り返すのかどうかがわかりません。
　それを知るには、どうしたらいいのでしょうか？
　短期の市場参加者たちは、お互いに連絡を取り合っているわけではありません。それぞれが客観的に値動きを確認しながら、「みんなが共通の認識を持っているなかで動いているかどうか」を判断して、投資を継続しているわけです。
　申し合わせがなく、疑心暗鬼になりがちな状況下で、お互いに共通の認識のなかで動くには、当然、暗黙のルールがあります。その暗黙のルールこそが短期的に繰り返しあらわれる値動きのパターンです。
　短期的な値動きのパターンが一定の形、すなわち市場参加者が利益を得られる状況になっているかどうかをみ

ればいいのです。

　だからこそ、いまここに共通の認識を持った市場参加者がいて、値動きのパターンが一定の形になるであろうことを前提として、値動きを予測することができるわけです。

　ですから、逆に、一定の形から外れていくようであれば、そこには共通な認識を持った参加者がいないということなので、値動きを予測することはできません。

LESSON 7-2

短期の値動きが転換したことを判断できるパターン

　押し目底をつける動きのとき、よく見られるパターンがあります。
　一般にいわれるローソク足の足型では、「強気の抱き線」「切り込み線」などがそれにあたります（**図表7-1**）。
　このような形が反転サインだとされるのは、その形をつくる背景にある市場参加者の行動が、相場の反転を示しているからです。
　価格が反転する兆しは、多くの人がその銘柄の特定の値位置に注目していることによってあらわれます。反転の最初のきっかけは、「多くの市場参加者があわてる」という行動です。
　人間というのは、想定している範囲の動きなら、あわてたりしません。想定外だからこそ、あわてます。そして、あわてると、反応が早くなります。
　ローソク足の転換パターンは、そのあわてた動き、反応の早い動きがあらわれたものなのです。
　早い動きかどうかは、一定時間に対する価格の振れ幅の大きさで判断することができます。

図表7-1 ● ローソク足の反転サイン

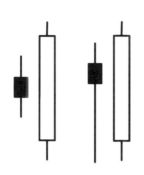

強気の抱き線

陰線を陽線が包み込む形

切り込み線

日足の場合、実体の長い陰線の翌日に、前日終値より下から始まり、前日の中心値を上抜くまで戻す形

短期の値動きが転換したことを判断できるパターン

　たとえば2週間、10営業日で200円幅の動きがあるよりも、1週間、5営業日で200円幅の動きがあるほうが早い反応だとみることができます。

　その究極は、1日の変動幅の大きな反応です。

　たとえば、誰もが、「そろそろ反転上昇するのではないか」あるいは「そろそろどちらかに相場が動くのではないか」と目をつけているタイミング（値位置や日柄）で、急に価格が上昇（下降）を開始したり、値位置や日柄からみていつも反転下降（上昇）しているような場所で下げなかったり（上げなかったり）した場合、「もしかしたら変化が起きたのではないか」と思うでしょう。

　ドラゴンボールの"元気玉"と同じです。より多くの人たちの思いが強ければ、それだけパワーのある攻撃に

なります。「もしかして」と一瞬でも考えて、それを行動に起こしたくなる人が多ければ、価格の動きに弾みがつきます。

ローソク足の転換パターンは、不意打ちを食らわせたとき、どれだけの人があわてて行動したのかがあらわれた形です。その形をみて、それまでの流れと反対に、買いたい、売りたいと考えている人たちが多いかどうかを判断して、相場の一定の値動きの流れが転換する可能性を予測できるのです。

ですから、転換パターンかどうかを判断する基準は、表面的なローソク足の形ではなく「急激に大きく変化する動き」があるかどうかです。

そうした動きの典型は、前日の下げ幅が大きくなって、想定外の安値をつけているような場面に多くあらわれますが、結果として、「大きく下げて、大きく上げる」という組み合わせなので、反転上昇するときのローソク足の形が似てくるわけです。

とりわけ、ローソク足の長いヒゲは、大きく下げて、大きく上げる動きを1営業日の範囲内でやってしまう場合なので、市場参加者があわてているさまがよくわかり、その値位置が強く意識されていると認識することができるのです。

図表7-2は、押し目をつける場面での株価の動き方です。

1営業日の変動幅が大きくなるので、押し目をつける場面では大陽線をつける展開（またはヒゲの長い線をつける）がよくみられます。

図表7-2 ● 反転上昇時の初期の動き方

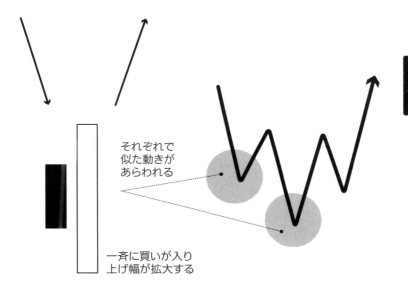

　押し目をつける当日ではなくても、翌日に大陽線をつけることもあります。初期段階のどこかで、上げ幅が大きくなる動きがあらわれます。
　一般的に知られている底入れ型は、2回から3回、このような押し目をつける動きを繰り返し、多くの市場参加者に「ここ以下にならない、みんながこの値位置に注目している」というサインを送った動きです。

LESSON 7-3

短期の値動きが継続することを判断できるパターン

　一定の値動きの流れが継続する場合も、多くの市場参加者が「継続する」という共通の認識のなかで進んでいく必要があります。

　LESSON 7-1で書いたとおり、市場参加者のほとんどは、見ず知らずの人です。そういう人たちが同じ方向へ進むわけですから、みんなが同じ方向に向かっても大丈夫だということが客観的にわかる一定の値動きのパターンがあらわれていることが必要です。

　そのような値動きには、「他人に怖さを与えない動き」「短い期間で効率よく利益の積み増しができる動き」という2つの条件が必要です。

　大切なお金を投資しているのですから、裏切り者がいるということになれば、その任務を遂行することができません。少しでも、反対意見が出て、方向を見失う場面があれば、すぐに撤退したいと考えるのはあたりまえです。

　また、短い期間で効率よく利益を積み増しできていれば、投資資金をリスクにさらす時間も少なくて済みま

から、その市場に投資する意味を持てますが、利益が得られない状況が長く続くと、そこにお金を入れていること自体がリスクになるという判断になります。

　以下では、この2つの条件についてさらに詳しく検証し、それが具体的にどういうローソク足のパターンになるのかを解き明かしていきます。

　他人に怖さを与えない動きを考えるにあたっては、逆に他人を怖がらせる動きがどのようなものかを考えるとよくわかります。上げ相場のケースで考えてみます。

　ポイントは、2つあります。

　1つ目は、下げ方向への振れ幅の大きな動きです。

　下げ方向への振れ幅の大きな動きは、多くの市場参加者があわてて売るという行動をすることによってあらわれるので、「それまでの流れが終了しそうだ」と考えている人が多くなっていると推測されます。

　2つ目は、上値、下値を切り下げる動きです。こちらのほうがより重要になります。

　図表7-3は、反発してもすぐに上値を抑えられて、以前の戻り高値を超えられず、以前の安値を切り下げる動きです。

　これはたんに9営業日連続して下げた動きとは異なり、いったん反発して、上げ方向の動きを見せているにもかかわらず、その上げの上値が重く、再度反落して、前に下値を支えられた地点よりも下げていることが重要です。

　貪欲に儲けたい人たちが集まって価格形成している状況なら、以前に下値を支えられた地点で、「しまった！買いそびれた」と考えている人たちが多いはずです。だ

図表7-3 ● 2017年1月の日経平均日足

から、通常であれば以前の安値近くまで下げれば、「よしっ!」と思って積極的な買いが入ります。

　にもかかわらず、以前の安値付近で下値が支えられないということは、一定の値動きの流れの継続に疑問をもっている人たちが増えてきたということを示しています。あるいは一定の値動きの流れを開始した初期の段階であれば、貪欲に利益を追求している人たちが群がっていると思っていたのに、実はいない状況であると推測することができます。

　ローソク足のパターンの裏に、このような背景を推測することは、たんなる空想ではありません。前提条件として、効率よく、短い期間で貪欲に儲けたい人たちが共通の認識のなかで積極的に行動している、ということが

あるわけですから、こう推測できるのは、当たり前のことなのです。

　上げ相場において、他人を怖がらせる動きが上記のようなものだとわかれば、それに当てはまらない動きが「値動きを継続するパターン」だとわかります。また、下げ相場の場合は、その反対の動きを考えればいいということです。

7-3 短期の値動きが継続することを判断できるパターン

LESSON 7-4

利益が出ないことを許容できる期間の目安とは

　前項で触れた2つ目条件である、短い期間で効率よく利益の積み増しができる動きとはどういうものでしょうか。

　短期の市場参加者は、価格が上昇すると見込んで、その銘柄に買いを入れているとしても、想定している未来に不安があらわれたとしたら、いったんその銘柄から撤退することになります。

　予定どおり価格が上昇している状況なら、持玉を維持しますが、何日も利益を積み増しできないなら、その状況をいつまでもほおっておくことができません。

　ということは、効率がいいとは、事前の情報を考慮して組み立てた予定のとおりにことが運んでいるということです。

　このような予定、すなわち「市場参加者にとって短い期間に不安なく動く状態」は、一律に何日間と決められるものではなく、あくまでも感覚的なものです。

　しかし、一定の値動きの流れが継続しているときにあらわれる調整の期間を過去の調整期間から検証してみる

図表7-4 ● 2012年12月から13年1月の日経平均日足

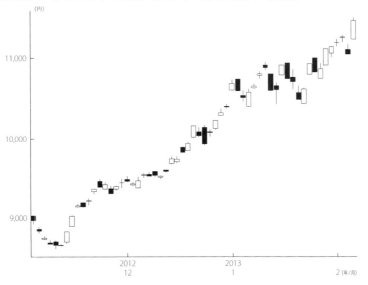

図表7-5 ● 2013年1月から5月の日経平均日足

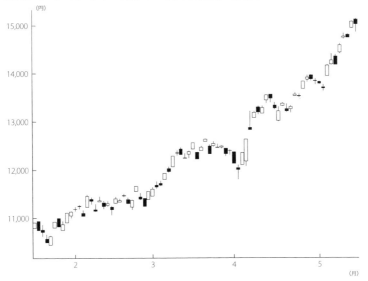

7-4 利益が出ないことを許容できる期間の目安とは

と、上昇の流れの場合（下降でも考え方は同じですが、下降のほうが上昇よりも反応が早くなりがちです）、「だいたい1週間以内」に高値を更新するような動きになっています。

図表7-4と図表7-5で、2012年年末から2013年5月までの日柄の長い上昇場面をみていきましょう。

図表をみると、上昇途中で価格が反転する場合、反転している日柄は、だいたい1〜3営業日、長くても4営業日で終わっていることがわかります。

多くの市場参加者が注目して、積極的に行動している、利益を得るために貪欲に行動している場合、こういう動き方にならざるを得ないのです。

前項と本項に書いたことをまとめると、上昇の流れが継続する場合の一時的な調整の基準は、図表7-6にある

図表7-6 ● 上昇の流れが継続する場合の調整の基準

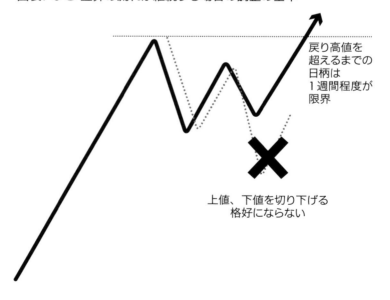

ように、「上値、下値を切り下げる動きにならないで、押し目をつけて、1週間程度の期間で戻り高値を超える動き」になると考えられます。

　もちろん、相場はさまざまな要因を折り込みながら動いていきますから、毎回、きちんとその枠に収まる動きがあらわれるわけではありません。一定の値動きが継続するパターンと、一定の値動きが止まるパターンのあいだには、例外的な動きになって、市場参加者が混乱することもあります。

　ただ、基準がわかっていれば、基準に沿う場合、沿わない場合を事前に想定しておくことができるため、どんな場面でも冷静に対応することができます。

LESSON 7-5

短期の値動きが継続するかを判断する優先順位は？

　前項までの解説を頭に入れたうえで、その枠に収まらない例外的な動きがあった場合、パターンを形づくる要素である、値動き、日柄（期間）のどちらを優先して判断すべきなのかを考えてみます。
　すでに短期の市場参加者が積極的になって、人気化していると判断している状況で、いったん立ち止まったようにみえるときとは、次のような状況です。

- 上値、下値を切り下げるか、または下げ幅が大きくなる（値動き）
- 高値を更新するのに時間がかかっている（日柄）

　このときに、一定の値動きの流れが終わってしまったのか、それとも、まだ継続するのかを判断する場合、最も気にするべきポイントは、日柄（期間）です。
　値動きは、日柄の後で判断します。
　人気化している状態、値動きで利益を得たい市場参加者が積極的になっている状態では、多くの市場参加者が

「効率的に儲けたい」という意志を共有して行動しているため、必然的に取引期間が短くなることは前に触れました。

互いに連絡を取り合っていない大勢の市場参加者が、いつまでも同じ考えで行動するなどということはないので、何らかの変化を契機として、当然、裏切り者が出てきます。

そうした契機のなかで、とくに裏切りものが多くなると考えられる動きが、何日も利益の増えない状況が続くこと、すなわち日柄の経過です。

短い期間で一気に利益を得たいという共通の認識のなかで集まった集団なのですから、当然、利益が得られなくなるなら、離散してしまいます。

図表7-7 ● 戻り高値を超える日から逆算して調整の動きを推測

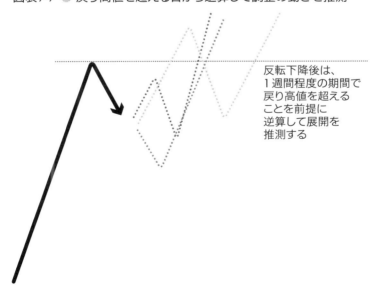

反転下降後は、
1週間程度の期間で
戻り高値を超える
ことを前提に
逆算して展開を
推測する

したがって、いったん立ち止まったようにみえる動きがあった場合は、戻り高値を超える可能性のある限界の日程から逆算して、その後の動きを判断します（**図表7-7**参照）。
　つまり、上値、下値を切り下げるか、または下げ幅が大きくなるような値動きがあったとしても、それが1週間以内であれば、再び高値を更新する可能性があることも考えながら、いったん損切りする、あるいは持玉を維持するなどの対応をするということです。
　例外的な動きがあっても、そこで何をみて判断するかについての優先順位がはっきりしていれば、その後の予測と行動に迷いが出にくく、相場に振り回されることがなくなります。

PART 7 のポイント

- 短期的な値動きのパターンが一定の形、すなわち「市場参加者が利益を得られる状況になっているか」どうかをみれば、そこに共通の認識を持った市場参加者がいるかどうかがわかり、そのパターンになっているのであれば、その後の推移も一定の形になるであろうことを前提として、値動きを予測することができる。

- 上昇の流れが継続するためには、下げ方向への振れ幅の大きな動きと、終値で上値、下値を切り下げる動きにならないことが必要。

- 上昇の流れが継続するためには、1週間程度の期間で戻り高値を超える動きになることが必要。

- 上値、下値を切り下げるか、または下げ幅が大きくなるような値動きがあったとしても、それが1週間以内であれば、再び高値を更新する可能性があることも考えながら対応することが大切。

PART 8

....

3通りの調整パターンと 一定の値動きの流れの 基本型

METHOD OF THE ULTIMATE STOCK PRICES PREDICTION

LESSON 8-1

3通りの調整とは

調整には、

- 一定の値動きの流れの継続中にあらわれる1週間程度の調整（「短期の値動きが継続する」パターン）
- 一定の値動きの流れの継続中にあらわれる値幅と日柄が大きくなる調整（チャートの教科書に必ず出てくる調整のパターン）
- 1年のなかのある時期にあらわれる季節的な調整

の3通りがあります。それぞれについて、もう少し詳しく解説します。

①小幅調整

ひとつ目の調整は、PART 7で触れたように、積極的になっている短期の市場参加者が、流れの継続を気にしながら取引しているときにあらわれる調整です。

この調整であることを判断するための優先順位は、日柄であることもLESSON 7-5で書きました。

一定の流れの途中の調整の場合、1週間程度の期間で調整前の高値を超える動きになるか否かが最も重要なポイントになります。

　下げ幅や、下げ方は、戻り高値を超える日までの動きを基準にして、逆算して推測することになります。

　この調整を繰り返しながら一定の値動きの流れを継続している動きが、「短期」という期間の区切りになります。

　以下では、この調整を「小幅調整」と呼びます。

② 通常の調整

　2つ目の調整は、少しわかりづらいかもしれません。ここでいう一定の値動きの流れとは、短期の市場参加者が積極的になっている状態だけではなく、短期の市場参加者が注目している状態も含めています。

　調整が1週間程度の小幅調整ではないことがはっきりした後、積極的になっていた短期市場参加者が様子見に変わります。

　ただ、様子見になったからといって、すぐにその銘柄から離れてしまうわけではありません。

　再度多くの市場参加者が共通の認識のなかで動き出す場面をじっくりと待っている状態へ入ります。

　この調整は、「その銘柄が気になる」という気持ちが残っていますが、一方で「上昇が終わったかもしれない」（あるいは「下降が終わったかもしれない」）という不信感が拭えないため、下値堅さ（あるいは上値重さ）がはっきりしてから再度入ろうという意識が出てくることであらわれる調整です。

以下では、「通常の調整」と呼ぶことにします。

③時間待ちの調整

3つ目は、季節的な調整です。

1年間が強気に推移している場合、1年を通じて上昇の流れをつくるか、そうならなくても、下値堅く推移します。

価格は、上げやすい時期に上昇して、下げやすい時期に下降する動きを繰り返しているわけですが、強気に推移している年は、下げやすい時期にこの調整があらわれます。

1年間が弱気に推移している年は、下降の流れへの反発調整として、上げやすい時期にこの調整があらわれます。

この季節的な調整は、ほとんど見向きもされない（参加者の意志の裏付けがない）ことであらわれる動きです。

強気に推移する年なら、次の上げやすい時期を待っている動き、弱気に推移する年なら、次の下げやすい時期を待っている動きに過ぎません。

次の機会を待っているだけの動きなので、以下では「時間待ちの調整」と呼ぶことにします。

なお、時間待ちの調整の最中に、一時的に積極的な上げ下げがある場合もあります。しかし、そういう上げ下げは、下値あるいは上値の限界にきたので、とりあえず値位置を戻しておこうという動きに過ぎず、一定の値動きの流れをつくる動きとは関係ないことに注意してください。

LESSON 8-2

「通常の調整」の値動きのパターン

　通常の調整は、上昇、下降の流れがあるときにあらわれるパターンです。

　基本的にはすべてボックス型であり、変形することでいくつかのチャートパターンになります（図表8-1）。

図表8-1 ● ボックス型、三角形型持ち合いとその変形

通常で日柄の長い調整ボックス型とボックス型の変形のどちらか

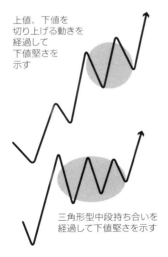
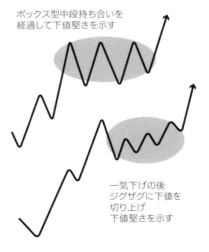

図表8-1の左上がジグザグに上値、下値を切り上げるパターンです。左下が三角形型、右上がボックス型、右下が押し目をつけた後、徐々に下値を切り上げる格好になっているパターンです。

　上値、下値を切り上げるパターンは、市場参加者の積極性が強く、下値を試すときに以前の安値まで下げきらず、反発後、すぐに戻り高値を超えて、再度下値を試す動きです。下値堅さと買い人気の両方を示しているので、ジグザグを経過した後、すぐに上げが勢いづくケースが多いといえます。

　一方、これが振れ幅の大きなジグザグになると、戻り高値を超えるまでの値幅が大きいので、そこで力尽きて反転したのではないかと考えられる可能性を残します。

　両方に共通して、ジグザグに上値、下値を切り上げる期間が長くなる場合、日柄を経過するごとに上値の重さが意識されることになります。

　図表8-2は、2013年1月以降の日経平均の上昇場面です。1月、2月は、一本調子の上昇とならず、その途中でジグザグの調整が入っています。

　安倍首相の政策に期待した上昇が前年の12月から始まっていて、1万2000円以下の値位置ではまだまだ上昇が止まる雰囲気ではありませんでした。しかし、11月から12月にかけて2000円幅の上げを経過していたことから、1月と2月に上げ難い、下げ難い形として、レンジ幅の小さな持ち合いの動きがあらわれました。

　図表8-3は、2015年に戻り高値をつける過程での動き

図表8-2 ● 2013年1月以降の日経平均の上げ場面

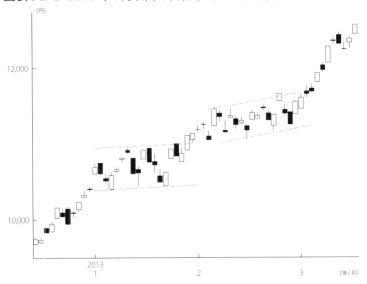

です。

　3月以降、ジグザグに上値、下値を切り上げるパターンをつくっていますが、なかなかジグザグを終了して上昇の流れへ入ることができず、6月までジグザグを継続しました。

　その結果、弱気の季節性に入っていく流れのなかで上値の重さが意識されて、6月の高値が戻り高値となり、その後、チャイナ・ショックを受けて大きく下値を掘り下げる動きへ入っています。

　図表8-1の左下は、三角形型の持ち合いです。

　三角形型は、下値が切り上がる格好で、徐々に上下の値幅が小さくなって先詰まりになっていく形です。三角形型のレンジ上限が下がっていく場合と水平になる場合

図表8-3 ● 2015年の日経平均が戻り高値をつける場面

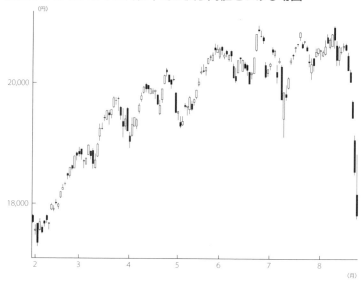

があ리ますが、その後の展開に変わりはありません。

　持ち合い入り後の最初の安値が押し目になって、反転するものの、なかなか上昇できないパターンは、戻り高値をつけた後、最初の下げ幅が大きくなったときに見られる形です。

　たとえば、戻り高値をつけた日、1営業日の変動幅が極端に大きくなって、その後、さらに一段安となると、戻り高値をつけた日の上げ分をなかなか一気に戻すことができません。

　そのような場合、日柄をかけて、徐々に下値を切り上げる動きを経過して、再度戻り高値を超える準備を整えます。

　図表8-4はフラッグ型持ち合いです。左側を下降フラ

図表8-4 ● フラッグ型持ち合い

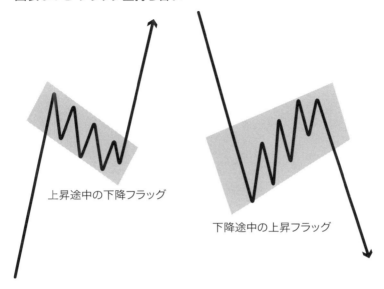

上昇途中の下降フラッグ

下降途中の上昇フラッグ

ッグ、右側を上昇フラッグと呼びます。下降フラッグは、上昇途中にあらわれる形で、上昇フラッグは下降途中にあらわれる形です。

　下降フラッグは、上昇途中の持ち合い期間中、手仕舞い売りが優勢となって、徐々に下値を切り下げる形です。

　上値、下値を切り下げる展開が弱さを示すため、小幅なレンジで、下値を切り下げた後、すぐに反転するという動きになっているときだけ、買い人気が継続している可能性を考えておきます。

　レンジ幅が大きくなる、または、下値を切り下げた後、すぐに値を戻せないと、その動きが上値の重さを示唆し、反転したのではないかと考えられる可能性を残します。

LESSON 8-3

「通常の調整」の長さはどれぐらいか？

通常の調整は、それまでの人気が離散していない状態です。一定の値動きの流れをつくってきた市場参加者が依然として注目することによってあらわれる形です。

あまり長くだらだらと持ち合いを継続する場合、短期

図表8-5 通常の調整の長さ

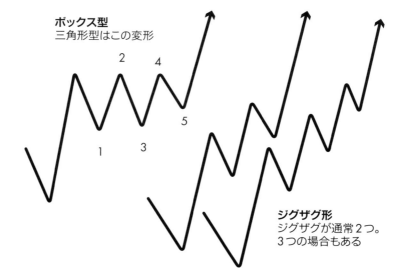

ボックス型
三角形型はこの変形

ジグザグ形
ジグザグが通常2つ。
3つの場合もある

の市場参加者の興味が薄れ、人気が完全に離散してしまいますから、過去の経験則では、調整入りした後、5つの波をつくる程度が期間の限界だと考えられます（**図表8-5参照**）。

　通常の調整は、人気を継続しているので、はっきりとした反対方向への流れをつくらないことが多いといえます。したがって、たいていの場合、反転した後の最初の目立った押し目、戻り高値が調整時の最安値、最高値となって、その後の価格がそのどちらも超えない動きになります。

　図表8-6のように、上昇途中の調整が、最初の目立った安値をいったん下回る動きとなった場合も、その安値が意識される格好で、すぐに値を戻す動きになります。

図表8-6 ● 通常の調整は明確な弱気の動きにならない

持ち合いにならない調整は3波目の押し目で終了して上昇開始

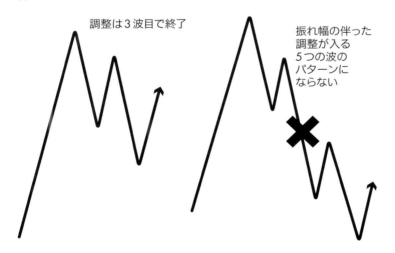

LESSON 8-4

通常の調整の値幅の目安はどれぐらいか？

　通常の調整の下値の目安は、一定の値動きの流れが始まった後の動きのなかであらわれた調整の値幅と同程度の値幅が目安となり（**図表8-7**）、後にあらわれる値幅のほうが若干大きくなることが多いといえます。

図表8-7 ● 通常の調整の値幅の目安

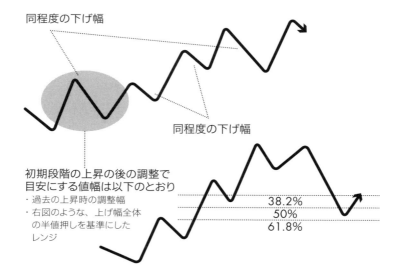

同程度の下げ幅

同程度の下げ幅

初期段階の上昇の後の調整で
目安にする値幅は以下のとおり
・過去の上昇時の調整幅
・右図のような、上げ幅全体
　の半値押しを基準にした
　レンジ

38.2%
50%
61.8%

たとえば、上昇を開始して、最初に200円幅の調整を経過して、その後、100円幅の調整を経過し、さらに一段高を経過した後、反転して再度調整入りした場合、最初に100円幅の調整の可能性を考えて、次に200円幅の調整の可能性を考えます。

　上昇の初期段階で調整入りして、参考になる値幅がない場合、上げ幅全体の半値押し（ゆとりを持たせていうなら38.2〜61.8%押しの範囲）が目安になります。

　まず、50%押し程度の調整幅を想定しておき、次に、上昇開始前の安値の手前まで下げて、上昇開始前の安値と合わせて押し目底を形成中の可能性を考えておきます。

LESSON 8-5

「小幅調整」と「通常の調整」の違いは日柄

　PART 7で触れた小幅調整と、PART 8で解説している通常の調整の違いは、日柄です。

　小幅調整は、1週間程度で調整前の高値を超える動きになるような調整ですが、通常の調整の場合、1〜2週間、長ければ1か月程度の調整期間があります。

　どちらも、一定の値動きの流れができているあいだにあらわれる調整で、1年のなかで一定の値動きの流れができやすい時期にあらわれやすくなります（**図表8-8参照**）。

　1年間の価格は、上げやすい時期に上げ幅を拡大して、下げやすい時期に下げ幅を拡大するという季節性のある動きを繰り返しています。

　小幅調整や通常の調整は、人気化した状態が完全に離散していないのですから、同じ季節性（大きな流れは継続している）のなかであらわれる動きだと考えられます。

　上げやすい時期（下げやすい時期）の上昇場面（下降場面）で、一時的な反落（反発）、少し値幅の大きな反落（反発）として、あらわれる動きです。

図表8-8 ● 小幅調整、通常の調整があらわれやすい時期と方向

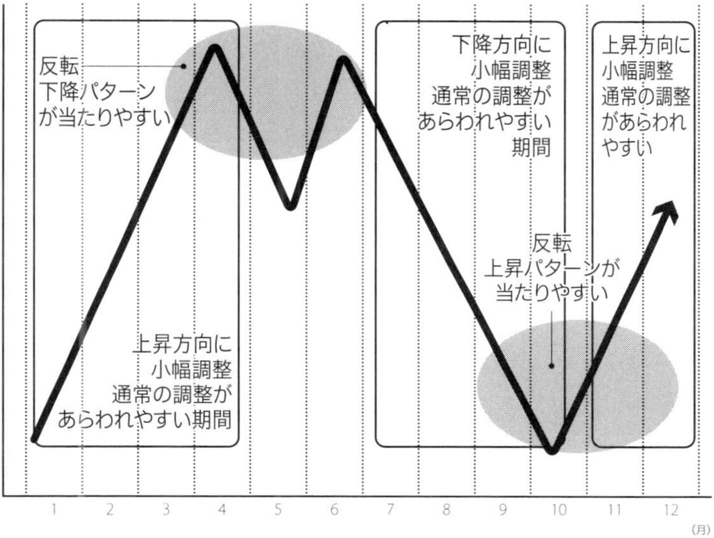

- 反転下降パターンが当たりやすい
- 下降方向に小幅調整通常の調整があらわれやすい期間
- 上昇方向に小幅調整通常の調整があらわれやすい
- 上昇方向に小幅調整通常の調整があらわれやすい期間
- 反転上昇パターンが当たりやすい

(月)

　小幅調整は、積極的な仕掛けがほとんど離散していない状態で、迷いのない動きです。したがって、小さな押し目をつけた後は、下値堅さを確認する作業を経過せず、一気に調整前の高値を超えることになります。

　一方で、通常の調整は、人気のある状態を継続しているものの、積極的な仕掛けを躊躇している状態です。どこで止まるのか、いつ終わるのかも正確にわかりません。

　そのため、押し目をつける場面では、多くの市場参加者がはっきりと押し目底になると推測できるような値動きがあらわれる必要があります。

　1回の押し目だけでは、市場参加者の多くが納得できなければ、何度も（下値を切り上げる格好で）押し目を確認する作業があらわれます。

LESSON 8-6

「通常の調整」と「時間待ちの調整」の違い

　小幅調整と通常の調整がそれまでの人気を継続しているのに対して、時間待ちの調整は、人気が完全に離散した状態です。

　時間待ちの調整は、1年間が強気に推移する年の場合、弱気の季節性のある時期にあらわれる動きです。逆に、1年間が弱気に推移する年の場合、強気の季節性のある時期にあらわれる動きです。

　小幅調整が日柄を重視していて、通常の調整が値幅を重視しているのに対して、時間待ちの調整には、注目すべきポイントがありません。なんでもありの状態です。

　年間が強気の場合、弱気の季節性のある時期に積極的な売りがあらわれず、ただだらだらと下げているだけの動きになります。

　図表8-9は、通常の調整としてあらわれる持ち合いと、時間待ちの調整としてあらわれる持ち合いの違いを示しています。

　通常の調整としてあらわれる持ち合いの場合、人気のある状態が続いているので、値位置が意識される値動き

図表8-9 ● 持ち合いには2種類ある

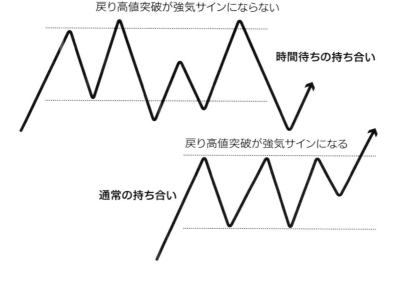

になります。上昇の場合、最初につけた目立った押し目を維持するか、割れても、この安値が意識されている値動きになります。

　一方、時間待ちの調整としてあらわれる持ち合いは、人気が完全に離散しているので、値位置、日柄も何も気にされていません。以前の安値を割れる動きがあらわれても、すぐに値を戻す展開にならず、下値圏で推移することもあります。戻り高値を超えても、すぐに上値を抑えられることもあります。

　強気に推移する年であれば、次の上げやすい時期が近づくまで、この値位置なら買ってもいいかなという大勢の同意が得られやすい場所をおおまかな下限として、何の基準もない値動きが続きます。

LESSON 8-7

一定の値動きの流れの基本型

　ここまで、一定の値動きの流れが続いている場合に起こる調整について、その種類や見極め方を解説してきました。
　最後に、一定の値動きの流れの全体像について解説しておきます。
　全体の動き方がわかれば、スタートした時点で、それが一定の値動きの流れ形成となる場合のゴールがうっすらとみえてくるはずです。
　ここで解説するのは基本形ですから、必ずそうなるわけではありませんが、多くの市場参加者に周知され、基準にしている値動きでもあります。
　ですから、これらを参考にして値動きがどうなるかを推測し、そして、そうならない、そうならなかった理由を考えると、株価予測がわかりやすくなります。
　一定の値動きの流れができる場合の基本型は、5つの波のパターンです。
　一定の値動きの流れができているときにあらわれる5つの波の条件は、**図表8-10**のとおり、1波の終点の高値

図表8-10 ● 一定の値動きの流れは5つの波のパターンが基準

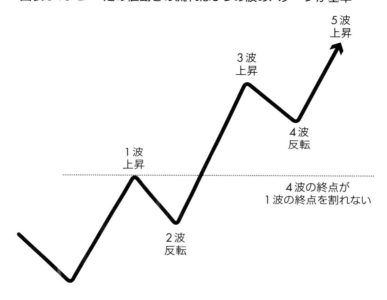

が4波の終点の安値よりもかなり下に位置しているというこ
とです。

　こんな単純な形ですが、一定の値動きの流れをつくる
場合、経験上、そういう動きになっていることが多く、
これを参考にして、流れが最低限継続するだろうか予測
できます。

　調整の性質から、2波と4波は似た値幅の調整になる
ことがわかるので、3波の終点は、2波と同程度の値幅
の調整が入っても、1波の高値を割れない地点が、到達
するだろう最低水準だとわかります。1波の高値を超え
て、これから5波の上昇パターンに入ると考えた場合、
4波の調整が入らずに上昇できる値位置の目安がみえて
くるというわけです。

図表8-11 ● 5波の動き方

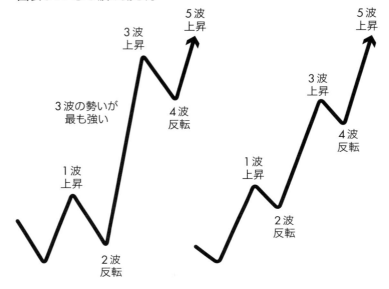

　図表8-11は、5波の上昇の流れをつくる場合の2通りのパターンです。

　1波、5波の上げ幅が短くなり、3波だけが大きくなる動き、1波、3波、5波がどれも値幅の伴った動きになるパターンがあります。

　最初の1波が応分の日柄と値幅のある動きにならない左側のような展開となった場合、3波が長くなると考えておきます。

　1波が長くなった場合、2波、4波の調整が比較的短くなって、次の3波、5波の上げが1波と似た動きになることを想定しておきます。

PART 8 のポイント

- 一定の値動きの流れの継続中にあらわれる調整に、
  ① 1週間程度の調整（小幅調整）
  ② 一定の値動きの流れの継続中にあらわれる値幅と日柄が大きくなる調整（通常の調整）
  ③ 1年のなかのある時期にあらわれる季節的な調整（時間待ちの調整）
  の3つがある

- 小幅調整は、1週間程度で調整前の高値を超える動きになるような調整で、通常の調整は2週間～1か月程度かけて調整前の高値を超えるような動きになる。

- 時間待ちの調整は参加者の意志の裏付けがないため、なんでもありの状態で、年間が強気の場合、弱気の季節性のある時期に積極的な売りがあらわれず、ただだらだらと下げているだけの動きになり、年間が弱気の場合、強気の季節性のある時期に積極的な買いがあらわれず、ただだらだらと上げているだけの動きになる。高値を更新したり、安値を割ったりしても、強い意味はない。

PART 9

ローソク足の定形パターンを補足するテクニカル指標

METHOD OF THE ULTIMATE STOCK PRICES PREDICTION

LESSON 9-1

移動平均線とは？

　テクニカル指標とは、値動きのクセを数値化して、相場の転換点や、売買のポイントをみつけるためのものです。

　本章では、前章までで解説したローソク足チャートの定形パターンを補うために使う2つのテクニカル指標を取り上げます。

　その2つとは、トレンド追随型指標の代表である移動平均線とオシレーター系指標の代表であるRSIです。以下で、それぞれについて最適な計算期間や具体的な活用法について解説していきます。

　移動平均線は、一定の期間の終値の平均値を算出して、それを株価チャートへ書き込んだものです。

　たとえば、5日間の終値が日付の古い順番に「10円、20円、30円、40円、50円」だったとします。

　平均値は「(10＋20＋30＋40＋50)÷5＝30円」と計算できるので、それをいちばん新しい日付（50円をつけた日）に記入します。この作業を毎日繰り返してできたラインが移動平均線です（図表9-1参照）。

図表9-1 ● 移動平均線の引き方

5日間の終値をすべて足して5で割り、計算期間の最新の日付に記入する。

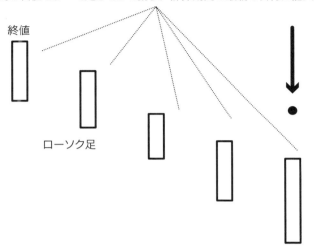

　移動平均線は、ラインが上向きなら上昇の流れができたとみて、ラインが下向きなら、下降の流れができたと判断します。

　流れが発生したという判断の根拠には、「一定期間の平均値が上昇していれば、その期間に投資した多くの市場参加者が儲かっているので、買い人気が出る可能性がある」「一定期間の価格が上昇しているので、投資家が注目する可能性がある」などが考えられます。

LESSON 9-2

ローソク足の定形パターンと移動平均線の組み合わせ方

　前章までで、1年間では、資金移動の事情によって、上げやすい時期、下げやすい時期があり、投機がそれを利用して、年間の変動幅を大きくしていると解説してきました。

　1年間の上げ下げの向きをみるための指標としてとらえるなら、移動平均線は、一定の方向を示していると判断することができます。

　また、一定の値動きの流れができている場合、小幅調整が終わり、高値を更新する期間は1週間程度です。この小幅調整であらわれるブレを移動平均線で消すという意味で、移動平均線を引くなら、市場参加者が積極的になっている場面だけで、移動平均線がブレのないラインをつくることになります。

　PART 4で、1年間の全体が強気に推移する年、弱気に推移する年、横ばいに推移する年があると紹介しました。

　1年間の営業日は、だいたい245営業日程度です。年間が強気に推移するなら、株価が徐々に上昇して、全体

の平均が徐々に上がっていくはずです。

　また、年間強気になる場合、押し目底をつけやすい前年の9月以降の時期に底値をつけて、上昇の準備を整えていると考えられます。

　年間強気の年は、年初から245日移動平均線が上向きに推移していて、1年を通じて、移動平均線を維持する動きになると考えられます。

　移動平均線を下回り、移動平均線よりも下の位置に定着するなら、その年が強気の年ではなかった、あるいは翌年が弱気に推移する年になることを考えておく必要が出てきます。

　図表9-2は、2010年以降の日経平均日足と、245日移動平均線です。

　2010年に移動平均線の向きが下降へ転換してから、2011年が下げの流れとなっています。

　2012年は全体として横ばいに推移して、株価の上昇に合わせて、移動平均線が年末から反転して上向きの動きへ変化しました。

　その後、2013年、2014年、2015年と株価の上昇に合わせて、移動平均線の向きが上向きに推移しています。

　2016年は、年初から株価が下げて、移動平均線も下降へ転換しています。

　おおまかにみて、移動平均線の向きがその年の全体の強弱を示しているような動きになっています。

　また、PART 6で、日経平均は、季節的な上げ下げによって、20週程度のサイクルをつくっていると紹介しました。

図表9-2 ● 移動平均線の向きと年間の方向

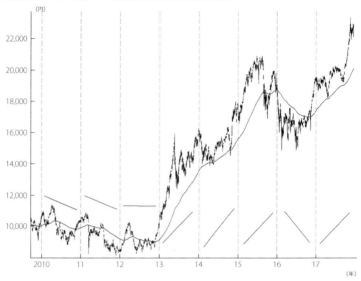

　20週は、100営業日ですから、株価が100日移動平均線を上下する動きが、季節的な上げ下げの流れの目安になる可能性があります。

　その半分の50日移動平均線では、移動平均線の向きが季節的な上げ下げに沿った動きになることも考えられます。

　図表9-3は、2016年以降の日経平均日足に100日移動平均線を引いています。

　100日移動平均線の向きを気にせず、100日移動平均線を終値が抜けた時期やその後の動きに注目してください。

　下降途中の時間待ちの調整と見られる場面、あるいは上昇途中の時間待ちの調整と見られる場面で、それぞれ

図表9-3 ● 100日移動平均線を抜ける動きが季節的な上下を示唆

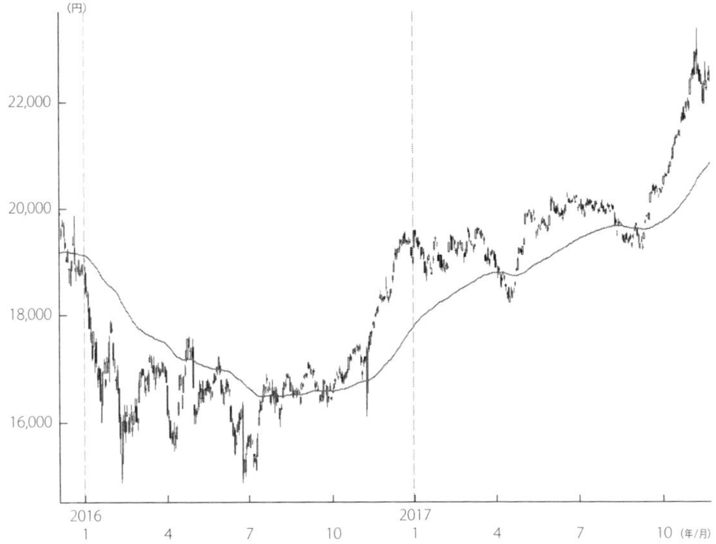

100日移動平均線を抜ける動きになっています。

　図表9-4と図表9-5は、日経平均の2012年の上げ下げと、2013年の上昇場面に短期の移動平均線を引いたものです。

　短期の市場参加者が積極的になっている状況を継続しているか否かの判断のため、短い期間の移動平均線を引いています。

　1週間程度で調整を終了して、調整前の流れへ入るので、9営業日程度の期間であれば、小幅調整の振れを移動平均線が消してくれると考えられます。

　ただ、9日程度の期間では、1営業日の値幅の大きな反転で移動平均線の向きが変わってしまう場合もあります。

図表9-4 ● 小幅調整を消す短期移動平均線1

図表9-5 ● 小幅調整を消す短期移動平均線2

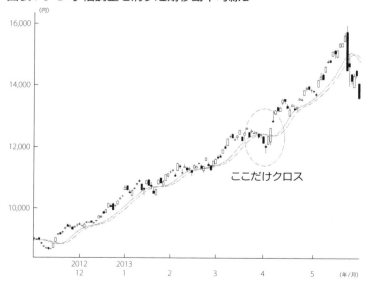

今回は、小幅調整をしっかりと消したいので、図の移動平均線に少し工夫しました。
　具体的には、図中のグレーの実線は、9日移動平均線の小さな振れを消すため、さらに4日移動平均したものになっています。
　また、グレーの点線は、グレーの実線をさらに4日移動平均したものです。
　点線は、実線の向きをわかりやすくするために使います。
　実線が点線を上抜いたら実線が上向きになった、逆に、実線が点線を下抜いたら実線が下向きになったと判断します。点線は、実線をなだらかにしただけのラインですから、そういう判断の方法ができます。
　図表9-4では、上昇時に実線が反転するサインをつけていません。
　戻り高値をつけて、価格が長く下げる場面の初期段階で初めて下降を開始したサインとして、クロスしています。
　下降局面でも、一度だけしかだましになる反転の動きをつけず、価格の方向を示しています。
　図表9-5の12年12月から13年4月までの上昇局面では、一度だましになる反転の動きがあらわれただけで、その他のジグザグをすべて消すことができています。

LESSON 9-3

オシレーター系指標とは？

　トレンド追随型指標が株価の流れをみる指標といわれているのに対して、オシレーター系指標は、株価の振れ幅を調べる指標だといわれています。

　株価は、上下に大きく振れながら、上げ下げを繰り返しています。

　オシレーター系指標は、高値、安値、始値、終値、数日間の平均値、高値と安値の平均値（(高値＋安値)÷2）など、4本値とそれを利用して得られる数値のあらゆる組み合わせを使って、株価の振れ幅のパターンや変化を調べて、株価がまさに反転するその場所を探します。

　具体的には、「前日の終値比でどれだけ上下しているか」「当日の高値から安値までの値幅がどれだけあるか」「始値から終値までの値幅がどれだけあるか」「一定期間の終値の平均値からどれだけ離れているか」を調べています。

　なぜ1日のなかの値動きのいろいろな部分を使うのかといえば、指標のつくり手がそれぞれの部分に意味があると考えているからです。

たとえば、終値は、株へ投資している人のほとんどがみている値段です。たいていの人は、終値を基準にして上がった、下がったと考えているでしょう。
　だとすれば、振れ幅の変化は、終値の変化をみていくのが最も有効だと考えてもいいのかもしれません。
　その日の高値、安値にも意味がないわけではありません。
　買い人気の強い銘柄がその日の前場に急騰した後、後場に急落したとします。
　急上昇の後の急落は、戻り高値に対する売り圧力が非常に強いことを暗示しています。
　終値だけでみれば、前日比変わらずのようにみえても、1日のなかの値動きが急上昇の後に急落しているので、一時的にせよ、その日の高値が強い抵抗になる可能性があるわけです。
　こういう値幅の変化は、前日の終値比だけを調べていたのでは決してみえません。1日のローソク足をみれば一目瞭然なのですが、指標化するためには、そういう動きを指標が反映するようにつくらなければいけません。
　オシレーター系指標をみる場合、どういう意図があってその値段を使っているのかを考えると、より指標の特徴を理解できるようになります。
　こうした特性を持ったオシレーター系指標を使うと、株価の振れ幅のパターンを調べることによって、株価が次にどこで反転するのかの見当をつけることができます。
　通常、オシレーター系指標は株価が反転するポイントを教えてくれる指標なのですが、見方を変えると、実は

株価の勢いの変化や、流れの変化がわかる指標でもあります。

　株価の上昇、下降への勢いは、何日間でいくら上がったか、下がったかという違いでわかるからです。

　ほとんどのオシレーター系指標は、一定の期間で株価がどれだけ上下へ振れているかを計算しているので、勢いが強くなって一定期間の振れ幅が大きくなれば、指標の振れも大きくなり、上昇、下降へ勢いがついていることがわかります。

　反対に、指標の振れが小さくなれば、上昇、下降の勢いがなくなっていることがわかります。

LESSON 9-4

相対力指数（RSI）とは？

　RSI（相対力指数）はRelative Strength Indexの略で、直訳すると異なる2つのものを対比した指標という意味です。

　オシレーター系指標は、振れ幅を調べると前述しましたが、RSIの場合、株価の全体の変動幅（前日比の総計）に対して上げ幅（前日比プラスの日の総計）がどれだけあるのかを表しています。計算方法は、**図表9-6**のとおりです。

　株価が上昇していて、全体の変動幅のなかの前日比プラスの割合が増えると、RSIの数値が高くなり、株価が

図表9-6 ● RSIの計算の方法

1日目のRSI= $\dfrac{A}{A+B} \times 100$ 　　A：n日間の値上がり幅の平均値
　　　　　　　　　　　　　　　　B：n日間の値下がり幅の平均値

2日目のRSI= $\dfrac{a}{a+b} \times 100$

　　　a：$a = \dfrac{a:(n-1) + 当日の値上がり幅}{n}$

　　　b：$b = \dfrac{b:(n-1) + 当日の値下がり幅}{n}$

※2日目に上の2日目の計算の仕方をせず、1日目の計算方法を翌日以降も継続してもかまいません。結果はあまり変わりません。

下降していて、全体の変動幅のなかの前日比プラスの値幅の割合が少なくなると、RSIの数値が低くなります。

RSIは50%を中心として0〜100%の範囲で推移する指標なので、上昇局面に入ると、数値が50%より上方で推移して、下降局面へ入ると、数値が50%よりも下方で推移します。

RSIの使い方は、RSIの70%以上が株価の反転下降の目安（売りサイン）、30%以下が株価の反転上昇の目安（買いサイン）になるというものです。

オシレーター系指標は、株価が一定の値動きの流れができているときに水準が偏って、これまでと異なる強い勢いを示す傾向があると前述しました。

実際、そのような場面では、RSIが高水準、低水準で推移するので、反転指標としての役割が果たせていないときもあります。

ただ、株価が勢いの強い一定の値動きの流れを長く継続することは、年間を通じてあまりない動きなので、多くのケースでRSIの高水準、低水準が反転の目安になるといわれています。

オシレーター系指標は、目先の動きをみているだけなので、トレンド追随型指標のように期間を変更しても、結果があまり変わりません。

通常、オシレーター系指標の計算期間は、いろいろなものを使わずに、一般的に知られている期間を使うようにします（4日、9日、12日、14日程度が目安です）。期間の使い分けがあるとするなら、計算期間を極端に長くするか、短くするか程度です。

LESSON 9-5

相対力指数(RSI)に注目したい時期がある

　オシレーター系指標は、短い期間で売買を繰り返す人が、売買サインを探すために使用する指標です。

　前に述べたとおり、売買サインは、これから反転するということを予測しているわけではありません。

　自分にとって、最も利益になるポイントを探し出して利用すればいいだけです。

　ただ、誰もが注目してもらいたい場所があります。

　それは、押し目底をつけやすい時期にRSIが下げ過ぎているというサインを出している動き、あるいは戻り高値をつけやすい時期に、RSIが上げ過ぎているというサインを出している動きです。

　あるいは、株価がそれまであらわれなかった強い動きで、上昇、下降している場面です。

　図表9-7は、上段が2016年11月以降の日経平均の上昇局面で、下段が14日の計算期間でのRSIです（期間はあまり関係ありません）。

　これをみると、2016年11月9日の大統領選挙の当日、値幅の大きな下げ場面になったとき、RSIが30％以下の

図表9-7 ● 注目したいRSIの反転サイン（日経平均日足と14日のRSI）

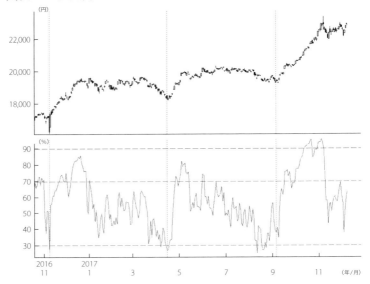

反転上昇を示唆する場所に位置しています。

　2017年4月の値幅の伴った調整場面でも、RSIがいったん30％以下まで下げてから、価格が反転上昇を開始しています。

　6月から9月にかけての調整場面でも、RSIの30％以下が反転上昇の目安になっています。

　4月は季節的に上げやすい時期のため、RSIが極端に下落する動きは考えにくいといえます。

　そのため、30％程度まで下げた地点には注目できます。

　9月は、それまでの調整を終了して、10月以降の上昇の準備に入る可能性のある時期です（10月に一段安を残している年もあります）。

　そういう時期に、RSIが過去に反転上昇の目安になっ

ている地点まで下げている動きは、注目できます。

　10月以降、極端に勢いの強い上昇場面へ入っています。

　この上げ過程でRSIは、いままでの上昇時に突入することのなかった90％以上をつけています。

　このRSIが高水準をつける動きは、初期の高水準が勢いの強さを示し、その後、勢いの強い上げが終点に近づいている可能性を示しています。

相対力指数（RSI）に注目したい時期がある

PART 9 のポイント

- ローソク足チャートの定形パターンを補うために、トレンド追随型指標の代表である移動平均線とオシレーター系指標の代表であるRSIを活用することができる。

- 移動平均線の日数を調整することによって、一定の値動きの流れのなかでのブレを見分け、3つの種類の調整をより判断しやすくなる。

- RSIをうまく活用できるのは、
  ①押し目底をつけやすい時期にRSIが下げ過ぎているというサインを出している動き
  ②戻り高値をつけやすい時期に、RSIが上げ過ぎているというサインを出している動き
  ③株価がそれまであらわれなかった強い動きで、RSIが上昇、下降している動き
  の3つを見分ける場面である。

PART 10

市場全体の季節性による上げ下げと個別銘柄の動き方

METHOD OF THE ULTIMATE STOCK PRICES PREDICTION

LESSON 10-1

銘柄ごとに季節性がある

　図表10-1は1985年1月から2017年12月までの期間で、各銘柄が何月頃にその年の最高値をつけて、何月頃にその年の最安値をつけているかの確率を示しています。

　上段は年間が強気に推移した年の確率で、下段は年間が弱気に推移した年の確率です。

　キッコーマンは、強気に推移する年の場合、72.21%の確率で2月までに年間の最安値をつけています。年間の最高値は、61.11%の確率で10～12月までの期間でつけています。

　昭和シェル石油は、年間が強気に推移する年の場合、3月までに最安値をつける確率が88.22%となっています。最高値をつけている月は、3月から12月までまばらになっています。

　日経平均が10月頃から上昇して、4月、6月頃に高値をつけることが多いため、市場全体がその年に強気に推移する場合、採用銘柄の各銘柄が、年初に最安値をつけるという傾向は納得できます。

　それにしても、88.22%という確率はかなり極端な数

字です。

　この結果は、原油価格の動き方が要因のひとつになっていると考えられます。

　原油価格は、11〜1月頃の期間で底入れして、年の前半に上昇し、6月、8月以降、または10月頃から、再び下値を試す流れをつくる傾向があります。

　一般的に原油価格の目安として使われていることが多いNY原油期近は、夏の行楽シーズンへ向けて価格が上昇し、その後、下値を試す動きへ入り、冬に入ると灯油の需要期になることで年末へ向けた下げの流れが一服して、上昇を開始する展開になります。

　図表10-2は、昭和シェルの株価とNY原油期近のチャートを合わせたものです。

　原油価格の大きな上昇の流れに遅れる格好で、株価が上昇し、原油価格が大きな下げの流れへ入ると、株価が下げの流れをつくるという展開になっていることがわかります。在庫を抱えている石油元売りは、原油価格の上下によって、在庫評価損益が大きく変化し、株価に影響を与えやすいのです。

　2014年は、年末に原油価格が暴落と呼べる下げ場面になりました。

　2015年の年初には、「石油元売り大手5社、すべて赤字転落の衝撃」というニュースが話題になりました。

　ところで、2014年6月以降、徐々に下降を開始していた原油価格は、9月末頃から下げ足を速めて、11月末から12月にかけて、極端に勢いの強い下げ場面を演じました。100ドル以上あった価格は、半値以下まで下げて

図表10-1 ● 銘柄ごとの戻り高値をつけやすい時期

1985～2017年までのキッコーマン (2801) の年間の最高値、最安値の出現場所

陽線引けした年の値動き

月	1月	2月	3月	4月	5月	6月	7月	8月	9月	10月	11月	12月
高値回数	0	0	0	1	1	2	1	2	0	3	2	6
確率 (%)	0	0	0	5.55	5.55	11.11	5.55	11.11	0	16.66	11.11	33.33
安値回数	8	5	1	1	1	0	0	0	1	0	1	0
確率 (%)	44.44	27.77	5.55	5.55	5.55	0	0	0	5.55	0	5.55	0

陰線引けした年の値動き

月	1月	2月	3月	4月	5月	6月	7月	8月	9月	10月	11月	12月
高値回数	8	1	0	0	2	2	1	0	0	0	0	1
確率 (%)	53.33	6.66	0	0	13.33	13.33	6.66	0	0	0	0	6.66
安値回数	1	0	1	0	0	1	1	1	0	3	4	3
確率 (%)	6.66	0	6.66	0	0	6.66	6.66	6.66	0	20	26.66	20

＊期間は1985年1月～2017年12月
＊年間の寄り引き同時は陰線としている

1985～2017年までの昭和シェル石油 (5002) の年間の最高値、最安値の出現場所

陽線引けした年の値動き

月	1月	2月	3月	4月	5月	6月	7月	8月	9月	10月	11月	12月
高値回数	0	0	1	1	1	2	2	0	1	3	1	5
確率 (%)	0	0	5.88	5.88	5.88	11.76	11.76	0	5.88	17.64	5.88	29.41
安値回数	9	3	3	0	1	1	0	0	0	0	0	0
確率 (%)	52.94	17.64	17.64	0	5.88	5.88	0	0	0	0	0	0

陰線引けした年の値動き

月	1月	2月	3月	4月	5月	6月	7月	8月	9月	10月	11月	12月
高値回数	5	2	0	1	1	3	3	1	0	0	0	0
確率 (%)	31.25	12.5	0	6.25	6.25	18.75	18.75	6.25	0	0	0	0
安値回数	0	1	1	0	0	2	0	2	3	2	3	2
確率 (%)	0	6.25	6.25	0	0	12.5	0	12.5	18.75	12.5	18.75	12.5

＊期間は1985年1月～2017年12月
＊年間の寄り引き同時は陰線としている

1985～2017年までの信越化学工業 (4063) の年間の最高値、最安値の出現場所

陽線引けした年の値動き

月	1月	2月	3月	4月	5月	6月	7月	8月	9月	10月	11月	12月
高値回数	2	0	0	4	3	1	0	0	2	4	2	4
確率 (%)	9.09	0	0	18.18	13.63	4.54	0	0	9.09	18.18	9.09	18.18
安値回数	10	1	2	2	0	2	0	1	1	2	1	0
確率 (%)	45.45	4.54	9.09	9.09	0	9.09	0	4.54	4.54	9.09	4.54	0

陰線引けした年の値動き

月	1月	2月	3月	4月	5月	6月	7月	8月	9月	10月	11月	12月
高値回数	0	3	2	3	0	1	2	0	0	0	0	0
確率 (%)	0	27.27	18.18	27.27	0	9.09	18.18	0	0	0	0	0
安値回数	0	0	1	0	0	0	2	2	1	2	1	2
確率 (%)	0	0	9.09	0	0	0	18.18	18.18	9.09	18.18	9.09	18.18

＊期間は1985年1月～2017年12月
＊年間の寄り引き同時は陰線としている

1985〜2017年までの花王(4452)の年間の最高値、最安値の出現場所

陽線引けした年の値動き

月	1月	2月	3月	4月	5月	6月	7月	8月	9月	10月	11月	12月
高値回数	1	1	1	4	1	1	3	2	0	0	0	8
確率(%)	4.54	4.54	4.54	18.18	4.54	4.54	13.63	9.09	0	0	0	36.36
安値回数	9	3	4	1	1	2	0	1	0	1	0	0
確率(%)	40.9	13.63	18.18	4.54	4.54	9.09	0	4.54	0	4.54	0	0

陰線引けした年の値動き

月	1月	2月	3月	4月	5月	6月	7月	8月	9月	10月	11月	12月
高値回数	6	1	1	0	0	1	1	1	0	0	0	0
確率(%)	54.54	9.09	9.09	0	0	9.09	9.09	9.09	0	0	0	0
安値回数	1	0	2	0	0	0	0	1	0	2	3	2
確率(%)	9.09	0	18.18	0	0	0	0	9.09	0	18.18	27.27	18.18

＊期間は1985年1月〜2017年12月
＊年間の寄り引き同時は陰線としている

1985〜2017年までのトヨタ(7203)の年間の最高値、最安値の出現場所

陽線引けした年の値動き

月	1月	2月	3月	4月	5月	6月	7月	8月	9月	10月	11月	12月
高値回数	0	0	0	0	2	1	2	1	1	0	2	8
確率(%)	0	0	0	0	11.76	5.88	11.76	5.88	5.88	0	11.76	47.05
安値回数	7	1	3	4	1	1	0	0	0	0	0	0
確率(%)	41.17	5.88	17.64	23.52	5.88	5.88	0	0	0	0	0	0

陰線引けした年の値動き

月	1月	2月	3月	4月	5月	6月	7月	8月	9月	10月	11月	12月
高値回数	5	3	5	1	0	0	0	0	0	2	0	0
確率(%)	31.25	18.75	31.25	6.25	0	0	0	0	0	12.5	0	0
安値回数	0	0	1	2	0	1	1	1	2	1	3	4
確率(%)	0	0	6.25	12.5	0	6.25	6.25	6.25	12.5	6.25	18.75	25

＊期間は1985年1月〜2017年12月
＊年間の寄り引き同時は陰線としている

1985〜2017年までの武田薬品工業(4502)の年間の最高値、最安値の出現場所

陽線引けした年の値動き

月	1月	2月	3月	4月	5月	6月	7月	8月	9月	10月	11月	12月
高値回数	0	1	2	3	0	0	0	0	0	1	2	10
確率(%)	0	5.26	10.52	15.78	0	0	0	0	0	5.26	10.52	52.63
安値回数	12	1	3	0	1	0	1	0	1	0	0	0
確率(%)	63.15	5.26	15.78	0	5.26	0	5.26	0	5.26	0	0	0

陰線引けした年の値動き

月	1月	2月	3月	4月	5月	6月	7月	8月	9月	10月	11月	12月
高値回数	9	2	1	1	0	1	0	0	0	0	0	0
確率(%)	64.28	14.28	7.14	7.14	0	7.14	0	0	0	0	0	0
安値回数	0	0	2	2	0	1	1	1	2	1	0	3
確率(%)	0	0	14.28	14.28	0	7.14	7.14	7.14	14.28	7.14	0	21.42

＊期間は1985年1月〜2017年12月
＊年間の寄り引き同時は陰線としている

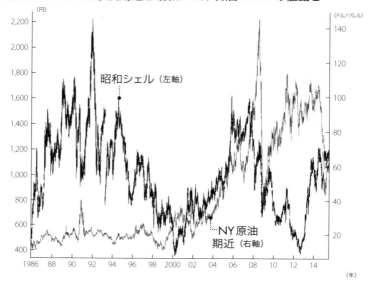

図表10-2 ● NY原油期近と昭和シェル石油（5002）の値動き

います。

　このとき、「サウジアラビアが米国のシェールオイルを潰しにきている」「米国と欧州がロシアのプーチン政権の崩壊をもくろんでいる」「ISILの原油の横流しによる利益を抑えるための戦略だ」などという、いろいろなうわさが流れました。

　原油価格の値動きをずっと見続けている筆者にとっては、下げやすい時期に価格が下げたに過ぎないが、前述したうわさなどがあり、投機に仕掛けやすい状況を提供したことで、価格の下げが勢いづいてしまったというだけとしかみていませんでした。

　原油価格は、年末へ向けて下げると前述しましたが、とくに、11月は非常に下げやすく、1985〜2017年まで

の33年間では、月初よりも月末の値位置が高かった確率が39.4％しかありません。

そのような月に、ISILが安価で原油を横流ししていて、それを止められない、米国のシェールオイルが意識されて世界最大の産油国になる、OPECが減産しない方針を決めるなど、売りやすい材料が提供されているのですから、結果としていえば、投機が目をつけて、下げ幅が拡大するのはあたりまえです。

価格の大幅な上昇、下降は、しっかりとした準備期間があり、市場参加者の同意を得られる状況をつくり、一定方向へ動きやすい時期に一気にあらわれます。

リーマンショックにしても、突然あらわれたわけではありません。

NYダウは、2007年10月以降、はっきりとした下降の流れをつくっていました。8月に株価の下げ余地が十分にあると判断できる動きになっている経緯があって、9月15日のリーマン・ブラザーズ破綻をきっかけに、下げ幅が拡大しやすい9月、10月に一気に下げたというだけのことです。

話を元に戻すと、市場全体の値動きの傾向、原油価格の値動きの傾向に影響されて、昭和シェルは、株価が上昇する場合、年初から上げるという動きが顕著にあらわれているようです。

図表10-1の昭和シェルの下にある信越化学工業をみてください。

年間が弱気に推移する場合、年間の最高値をつけている時期は、2～4月、6月、7月となっています。

他の銘柄が下げる場合に1月の高値が最高値になるケースが多いのに対して、信越化学は、年間の強弱にかかわらず、年初にいったん値位置を引き上げる動きになっていることがわかります。

　前年の株価が上昇の流れをつくり、戻り高値をつけるとみている場面で、他の銘柄は、年末から1月にかけて戻り高値をつけるケースを想定しますが、信越化学工業は、1月まで上昇を継続してから戻り高値をつけるケースを頭に入れておく必要があります。

　このように、日経平均採用銘柄であっても、完全に市場全体の流れに引きずられているわけではないことに注意が必要です。

LESSON 10-2

季節性を利用するだけで簡単に儲けることができる①

[1] JR東日本、勝率67%、平均利幅1000円

　図表10-3は、後述する簡単な条件で1994〜2017年の期間で売買をした場合の結果です。

　結果は、24年間で、15回の取引が成立して、10勝4敗1分でした。全体で取れた値幅は、1万4202円、1単位、100株の取引を繰り返した場合、24年間で142万200円の利益になっています。

　株価が異なるので投資額は年によって異なりますが、40万〜100万円くらいです。

　表中で×としている2009年と2013年のところは、10月に年間の最高値をつけているため、やり方次第では、損を出さずにやめることができている可能性があります。

　2011年は、東北大震災が発生した3月の急落場面でつけた負けなので、例年と異なる動きによって出てしまった損だと思ってください。

　そのように考えると、しっかりと負けた年は、1998

図表10-3 ● JR東日本（9020）での単純な条件での売買の結果

売買の条件は本文にあるとおり

年	12〜1月高値 / 7〜8月高値	抜けた日	仕掛け値	12〜1月安値 / 7〜8月安値	手仕舞いの値段	期間内のMAX 日付	期間内のMAX 値段	仕掛け値からの最大幅	勝てるか否か ○×
1994	4720	01月17日	4760	4090		02月01日	5280	520	○
		不成立						0	
1995		不成立						0	
	4770	09月08日	4790	4310		01月11日	5240	450	○
1996	5240	01月18日	5260	4950		06月03日	6030	770	○
		不成立						0	
1997	5270	03月10日	5280	4650		06月17日	5980	700	○
		不成立						0	
1998	6000	03月03日	6030	5340		07月02日	7000	970	○
	7000	09月07日	7090	6530	6520			-570	×
1999		無効							
		不成立						0	
2000		不成立						0	
		不成立						0	
2001		不成立						0	
		不成立						0	
2002		不成立						0	
		不成立						0	
2003		不成立						0	
		不成立						0	
2004	5300	02月03日	5370	4850		08月05日	6290	920	○
		不成立						0	
2005		不成立						0	
	5960	09月01日	5970	5400		01月05日	8470	2500	○
2006		不成立						0	
		不成立						0	

年	12〜1月高値 / 7〜8月高値	抜けた日	仕掛け値	12〜1月安値 / 7〜8月安値	手仕舞いの値段	期間内のMAX 日付	期間内のMAX 値段	仕掛け値からの最大幅	勝てるか否か ○×
2007	8420	01月15日	8490	7810		04月16日	10100	1610	○
		不成立						0	
2008		不成立						0	
		不成立						0	
2009		不成立						0	
	6170	09月10日	6400	5400		10月01日	6530	130	×
2010	6280	01月18日	6290	5800		04月07日	6750	460	△
		不成立						0	
2011	5450	02月14日	5550	4995	4450			-1100	×
		不成立						0	
2012		無効						0	
		不成立						0	
2013	5830	01月15日	5890	5360		04月05日	8990	3100	○
	8500	09月19日	8610	7520		10月29日	8830	220	×
2014		不成立						0	
		不成立						0	
2015	9268	01月27日	9293	8553		08月05日	12815	3522	○
		不成立						0	
2016		不成立						0	
		不成立						0	
2017		不成立						0	
		不成立						0	
						利幅合計	14202	10勝 4敗 1分	

年の2回目の取引だけです。

1998年は、前半で1000円近い利益を得て、後半に570円の損が出ている取引になっています。

利益になっている年をみていくと、900円以上の値幅の利益が出ている年は、1998年の980円、2004年の920円、2005年の2500円、2007年の1610円、2013年の3100円、2015年の3522円の6回あります。

24年中、6回は、十分な上げ幅を利益にすることができています。

2011年を除けば、あまり損失を出さない取引ができ、6年に一度は大きく利益を得られる取引になります。

1994年以降の市場の動向を考えれば、十分に満足のいく取引になっているのではないでしょうか。

さて、上記のような結果をもたらした図表10-3の取引は、以下の条件で取引を繰り返しています。

- 3月頃、9月頃の2回の取引を行なう
- 12月～1月の第2週目までの高値を3月までに終値で超えたら買い、超えた日の終値が仕掛け値
- 12月～1月第2週の期間の安値を割れたら手仕舞い
- 12月～1月第2週の高値を超える前にその期間の安値を割れたら不成立、レンジ内の振れが1000円以上になったら無効
- 前半の取引期間は、1月第3週～8月まで
- 7月～8月の高値を9月までに終値で超えたら買い、超えた日の終値が仕掛け値

- 7月～8月の安値を割れたら手仕舞い
- 7月～8月の高値を超える前にその期間の安値を割れたら不成立、レンジ内の振れが1000円以上になったら無効
- 後半の取引期間は、9月～1月

　いくつも条件があって、複雑に感じますが、12月～1月第2週までの高値、7月～8月の高値を終値で超えるかどうかを売買判断の材料にしているだけです。
　12月～1月第2週までの期間、7月～8月という期間は、通常なら、株価が上昇を開始したことを確認するために必要な期間としての意味があると考えがちですが、違います。
　今回、設定している期間は、株価が下降を開始する場合、あるいは下降の途中の場合、一時的な戻りで、この期間の高値を上回ることがないと判断できる期間を設定しています。
　一方で、株価が上昇を開始する場合、取引する予定の期間で、株価がもうこの期間の安値よりも下がることがないと判断できる期間を設定しています。
　株価が上昇しやすい時期に仕掛けるわけですから、これから上昇するかなど、判断の基準にしなくていいわけです。
　上昇を開始するなら、設定した期間の高値を超えるし、前年に上昇して、もう上昇余力が残っていない、あるいは市場全体が弱く、上昇余力がないなら設定した期間の高値を超えられず、株価が下げていくだけです。

図表10-4は1994〜2017年までの年間の最高値、最安値の出現場所です。

　年間で上昇している年は、2月までに64.27％の確率で年間の最安値をつけています。12月の7.14％は、12月に一時的に年初の値位置を下回った後、すぐに値を戻している展開です。このような年は、計算上、上昇した年になっているだけなので無視します。

　残った年間の最安値をつけている期間は、3月〜6月です。

　高値をつけている時期から推測すると、株価が比較的大きく上げやすい時期は、4月、8月ごろです。

　年間で下降している年は、1〜3月、4月、8月に年間の最高値をつけています。とくに、1月と4月が多くなっています。

　年間の最安値は、1月〜3月、8月、11月、12月につけています。

　安値をつけている時期から推測すると、株価が比較的大きく下げやすい時期は、年の初めと年の後半です。

　年間の価格が下げる場合、年明け後、すぐに下げの流れをつくり、一気に価格が下げているか、8月頃まで堅調に推移した後、一気に下げるかのどちらかの展開になっていることがわかります。

　3月の仕掛けは、1月、2月の年間の最安値を確認した後、3月、4月の上昇に期待した買いになります。

　また、株価が大きく下降するなら、1月から3月にかけてあらわれることが多いので、2月、3月に高値を更新するならば、少なくとも年の前半に大きく下げるケー

図表10-4 ● JR東日本の強気の年と弱気の年の動き方

陽線引けした年の値動き

月	1月	2月	3月	4月	5月	6月	7月	8月	9月	10月	11月	12月
高値回数	0	0	0	2	0	1	0	3	1	0	1	6
確率(%)	0	0	0	14.28	0	7.14	0	21.42	7.14	0	7.14	42.85
安値回数	6	3	1	2	0	1	0	0	0	0	0	1
確率(%)	42.85	21.42	7.14	14.28	0	7.14	0	0	0	0	0	7.14

陰線引けした年の値動き

月	1月	2月	3月	4月	5月	6月	7月	8月	9月	10月	11月	12月
高値回数	4	1	1	3	0	0	0	1	0	0	0	0
確率(%)	40	10	10	30	0	0	0	10	0	0	0	0
安値回数	2	1	2	0	0	0	0	1	0	0	3	1
確率(%)	20	10	20	0	0	0	0	10	0	0	30	10

＊期間は1994年1月〜2017年12月
＊年間の寄り引き同時は陰線としている

スははずすことができます。

　9月の仕掛けは、9月、10月に上昇することを期待したものです。

　株価が前半に上昇して戻り高値をつけるなら、4月、6月、8月頃までに高値を確認できていると考えられるため、9月以降に上昇を開始する動きは、年末に高値を更新する動きである可能性があります。

　このような傾向を理解しておけば、ちょっとした条件を決めるだけの取引で、しっかりと利益が得られます。

　日経平均採用銘柄の場合、先物を動かすための現物の仕掛けがあるため、年間に一定幅の振れがあります。そのことも、この結果につながっています。季節性が強くても、ほとんど動かなければ利益を期待できません。

LESSON 10-3

季節性を利用するだけで簡単に儲けることができる②

[2] TDK、勝率70％以上に加えて、上昇したときの利幅が大

　図表10-5は、1985年から2014年までの期間で、TDKを一定の条件を決めて取引を行なった結果です。

　30年間で、13回の取引機会があり、10勝3敗1分となりました。3敗は、損切りのポイントとしている地点を割れているため、完全な敗北です。

　勝っている10回のなかで、2000円幅に満たない利益にしかならなかった年は、2013年の1485円幅の一度だけです。

　その他の年は、順番に「2380円、3080円、2710円、3960円、3750円、2330円、2050円、5535円、4910円」の利益を得られる機会があり、損になった年を大きく上回る利益を出せています。

　だいたい、2年から3年に一度くらいの頻度で、2000円幅以上の利益を得られる取引になっているわけです。

試してみてもいいのではないでしょうか。

　図表10-5の取引を行なうための売買条件としたものは、以下のとおりです。

　いったん価格が上昇、下降の流れをつくると、その方向へ長く動きやすいことや、後述する年の傾向をみると、上昇の始点になる安値を年の前半につけることが多いことから、仕掛ける時期を5月、7月とし、翌年まで持株を維持するというやり方にしています。

- 4月の動きをみて、5月に仕掛ける、6月の動きをみて、7月に仕掛けるという2回の取引を考える
- 5月に4月の高値を終値で超えたら、その日の終値で買い、4月の安値を場中で抜けたら、その時点で損切り、5月に4月の高値を超える前に4月の安値を割れるなら取引しない
- 4月の買いが成立したら、7月は仕掛けない
- 7月に6月の高値を終値で超えたら、その日の終値で買い、6月の安値を場中で抜けたら、その時点で損切り、7月に6月の高値を超える前に6月の安値を割れるなら取引しない
- 7月の買いは、6月頃に底値をつけることが多いことによる仕掛けのため、1月～3月頃の値位置よりも6月初日の値位置が高い場合、(5月は仕掛けるが)6月は仕掛けない(これは7月に天井をつけることが多く、その動きで損を出さないため)
- 取引期間は、どちらの仕掛けの場合も、翌年7月頃までの動きを想定(これは損切りの幅が大きくなり過ぎるため)

図表10-5 ● TDK (6762) での単純な条件での売買の結果

売買の条件は本文にあるとおり

年	4月高値/6月高値	抜けた日	仕掛け値	4月安値/6月安値	手仕舞いの値段	期間内のMAX 日付	期間内のMAX 値段	仕掛け値からの最大幅	勝てるか否か ○×
1985		不成立							
		不成立							
1986		不成立							
		不成立							
1987	3150	05月26日	3310	2510		08/14	5690	2380	○
		無効						0	
1988		不成立						0	
		不成立						0	
1989	4490	05月09日	4540	3990		07/16	7620	3080	○
		無効						0	
1990	6970	05月01日	7060	5700		07/16	7620	560	△
		無効						0	
1991		不成立						0	
		不成立						0	
1992		不成立						0	
		不成立						0	
1993		不成立						0	
		不成立						0	
1994		不成立						0	
		不成立						0	
1995		不成立						0	
	3980	07月06日	4030	3400		06/27	6740	2710	○
1996	6120	05月08日	6240	5540		07/31	10200	3960	○
		無効						0	
1997	9240	05月02日	9280	8410	8400			-880	×
		不成立						0	
1998		不成立						0	
		不成立						0	
1999	9380	05月14日	10120	8580		04/24	17010	6890	○
		無効						0	
2000		不成立						0	
		不成立						0	
2001		不成立						0	
		不成立						0	
2002		不成立						0	
		不成立						0	

年	4月高値 / 6月高値	抜けた日	仕掛け値	4月安値 / 6月安値	手仕舞いの値段	期間内のMAX 日付	期間内のMAX 値段	仕掛け値からの最大幅	勝てるか否か ○×
2003	4840	05月14日	4880	3810		06/17	8630	3750	○
		無効						0	
2004		不成立						0	
		不成立						0	
2005	7850	05月23日	7900	7250		11/28	10230	2330	○
		無効						0	
2006	9760	05月01日	9870	8960	8950			-920	×
		無効						0	
2007		不成立						0	
		不成立						0	
2008		不成立						0	
		不成立						0	
2009	4510	05月01日	4540	3550		04/07	6590	2050	○
		無効						0	
2010		不成立						0	
		不成立						0	
2011		不成立						0	
		不成立						0	
2012		不成立						0	
		不成立						0	
2013	3665	05月13日	3875	3095		01/23	5360	1485	○
		無効						0	
2014		不成立						0	
	4870	07月08日	4915	4385		06/24	10450	5535	
2015	8860	05月12日	8910	8060	8050			-860	×
		無効						0	
2016		不成立						0	
		不成立						0	
2017	7050	05月02日	7100	6380		07/18	12010	4910	○
		無効						0	
						合計の利幅	36980	10勝 3敗 1分	

図表10-6は、1985〜2017年までの年間の最高値、最安値の出現場所です。

年間が強気に推移している年は、4月頃までに68.39%程度の確率で年間の最安値をつけて上昇する動きがあらわれています。

年間の最高値をつけるのは、年の後半です。とくに11月、12月が目立ちます。

年間が弱気に推移している年は、7月以降に年間の最安値をつける展開となっています。

強弱のどちらの年も、一定期間に偏りがありますが、比較的まばらに高値、安値が出現しているのは、価格が上昇する場合、前年からの流れをその年の年央まで継続して、戻り高値をつけることが多いためだと考えられま

図表10-6 ● TDKの強気の年と弱気の年の動き方

陽線引けした年の値動き

月	1月	2月	3月	4月	5月	6月	7月	8月	9月	10月	11月	12月
高値回数	0	0	0	1	1	2	1	2	2	2	4	4
確率(%)	0	0	0	5.26	5.26	10.52	5.26	10.52	10.52	10.52	21.05	21.05
安値回数	5	2	3	3	1	1	1	0	1	1	1	0
確率(%)	26.31	10.52	15.78	15.78	5.26	5.26	5.26	0	5.26	5.26	5.26	0

陰線引けした年の値動き

月	1月	2月	3月	4月	5月	6月	7月	8月	9月	10月	11月	12月
高値回数	4	1	2	2	0	1	3	1	0	0	0	0
確率(%)	28.57	7.14	14.28	14.28	0	7.14	21.42	7.14	0	0	0	0
安値回数	0	1	0	0	0	0	2	3	1	3	1	3
確率(%)	0	7.14	0	0	0	0	14.28	21.42	7.14	21.42	7.14	21.42

＊期間は1985年1月〜2017年12月
＊年間の寄り引き同時は陰線としている

す。そのため、7月に年間の最高値をつけた後、7月以降に年間の最安値を更新して下値を掘り下げる動きもあらわれています。

　このような値動きの傾向を考慮して、設定したものが、先に箇条書きにした売買条件になります。

　1年間の値動きは、価格がはっきりと流れをつくるなら、上げやすい時期に上げて、下げやすい時期に下げるということを繰り返しているに過ぎません。

　だからこそ、投機的な動きがある銘柄に関しては、こんな単純な条件でしっかりと利益を出せるわけです。

LESSON 10-4

市場全体の方向、時期、個別銘柄の方向を見極める

　ここでは、個別銘柄の値動きを1年程度の期間で予想するとき、市場全体と個別銘柄の方向の強弱、季節傾向の強弱をどのように判断するのかについて解説します。

　当然、日経平均採用銘柄と、非採用銘柄では、市場全体の動きに引きずられる強さが変わります。

　以下では、投機に利用されることによって、年間や季節ごとに一定幅の値動きが期待できる日経平均採用銘柄について、市場全体と個別銘柄の季節性の関係についてみてみましょう。

　市場全体と個別銘柄の季節性の強弱の組み合わせは、8通りが考えられます。

　①市場全体が「強気」、個別銘柄が「強気」、季節傾向が「強気」
　②市場全体が「強気」、個別銘柄が「弱気」、季節傾向が「強気」
　③市場全体が「強気」、個別銘柄が「強気」、季節傾向が「弱気」

④市場全体が「強気」、個別銘柄が「弱気」、季節傾向が「弱気」
⑤市場全体が「弱気」、個別銘柄が「弱気」、季節傾向が「弱気」
⑥市場全体が「弱気」、個別銘柄が「強気」、季節傾向が「弱気」
⑦市場全体が「弱気」、個別銘柄が「弱気」、季節傾向が「強気」
⑧市場全体が「弱気」、個別銘柄が「強気」、季節傾向が「強気」

　これらの組み合わせのなかで優先順位の高いものをはっきりさせて、市場全体と季節傾向が個別銘柄にどのような影響を与えるのかをちゃんと把握できていれば、先ほど検証したJR東日本やTDKと同様、単純な条件設定だけで利益を得られる可能性があります。当然、予想の精度も高くなります。
　市場全体は日経平均でみていきます。
　日経平均が1年間を通じて上昇を継続する場合、7月、8月頃の株価が6月までにつける高値を超えた年を強気の年だと判断します。
　年の前半は年初から6月までの時期は上げやすい傾向があるため、強気の年、弱気の年にかかわらず、どこから上昇を開始するのかがポイントになります。
　個別銘柄の強弱は、1年間の値動きではなく、上昇が継続する可能性があるかどうかで判断します。そのポイントは価格が下げている場面で、その下げが長く継続す

る動きなのか、上昇を開始する時期を待っている動きなのかで見極めます。

　季節傾向は、市場全体の季節傾向のことです。

　市場全体の季節傾向は、その時期にその銘柄の方向へ影響を与えます。

　前述したとおり、個別銘柄にも、業種によって注目されやすい時期があり、戻り高値、底値をつけやすい時期のパターンがあるので、そういう時期を予想の参考にする必要があります。

　市場全体の値動きにかかわらず、9月にその年の最高値をつけやすい銘柄があったとします。

　8月から9月にかけて上昇が勢いづいて9月に強く上値を抑えられたとします。

　市場全体が年末まで強気に推移する可能性がある年だったとしても、そういう銘柄ならその9月の高値は、12月までの最高値になる可能性を考慮しておく必要があります。

　事前にそういう意識があれば、市場全体が上昇しているにもかかわらず、上げ難い動きになっている理由を察知して、すぐに対処できるはずです。

LESSON 10-5

市場全体の強弱から個別銘柄の上値、下値の限界を探る

　日経平均が上昇を開始する時期に、日経平均よりも前に採用銘柄が上昇を開始する場合、その上昇が長く継続する可能性があります。

　日経平均が下げ傾向のある時期に、日経平均よりも先に個別銘柄が下降を開始する場合、その下げは長く継続する可能性があります。

　日経平均が下値堅く推移しているにもかかわらず、個別銘柄の価格が下降するならば、それは、戻り高値に対して投資家が強く上値を意識していることを示します。

　価格が大きく下げる理由は、積極的な買いが入らず、手仕舞いや信用取引などでの売りが入るからです。売れる材料が入ったから売るのではなく、特定の高値に対して、それ以上、上へ行かないというあきらめが手仕舞いを誘い、それ以上、上へ行かないという安心感が信用売りを誘うからです。

　市場全体が下値堅く推移していて、次に上昇へ向かう時期がきても、その個別銘柄に関しては戻り高値を超えられないだろうという意識が投資家に強いからこそ、市

場全体の流れに反して、価格が大きく下落します。

　一方で、日経平均が横ばい、または弱気に推移しているにもかかわらず、個別銘柄が上値、下値を切り上げていれば、それは次にくる上げ時期に価格が現在の水準より、大きく上昇する可能性を示しています。投資家は、下値堅さがあり、上値余地が十分にあるとみているからこそ、市場全体の流れが弱気に推移していても、その銘柄に対して手仕舞い売りを考えません。

　図表10-7と図表10-8は、上段が日経平均日足、下段がニコン日足です。

　図表10-7はどちらも2003年8月から2006年1月までの同じ期間、図表10-8はどちらも2005年11月から2007年8月までの同じ期間です。

　図表10-7での2004年の日経平均は、4月下旬まで上昇を継続した後、反落しますが、反落後の最初の押し目が強い支持になって、その後、横ばいに推移しています。反落後の最初の押し目が支持になる動きは、それまでの上昇の流れが離散していないことを示すパターンです。

　次に上昇を開始する時期へくれば、価格は再度戻り高値1万2195円の突破を試す動きになります。実際、11月まで下値堅く推移したことにより、次の上昇時期である年末から2005年の年初、4月以降に価格が1万2195円を目指す動きになり、その後、上昇が勢いづいています。

　一方で、ニコンは、2004年1月下旬に戻り高値1807円をつけた後、大幅な下げ局面へ入り、価格が8月16日に950円まで下落しています。この下げは、市場全体に買い人気がなくなって、投資家に株式投資への意欲がな

図表10-7 ● 2004年以降の日経平均とニコン(7731)日足

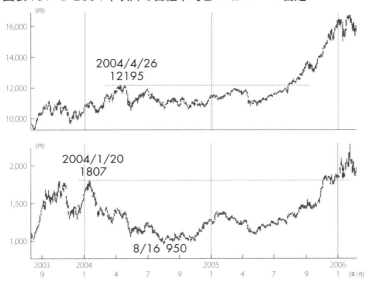

図表10-8 ● 06年以降の日経平均とニコン日足

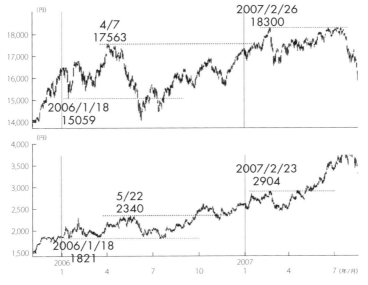

くなったことで手仕舞いが膨らんだということではなく、1807円以上の上値余地がない状況がはっきりしているためだと推測できます。

　実際、8月16日以降に価格が上昇を開始していますが、日経平均が大幅な上昇局面へ入った2005年末になって、ようやく価格が戻り高値1807円へ到達するに留まっています。

　図表10-8で2006年の動きをみると、日経平均は、4月7日まで上昇を継続した後、上値を抑えられ、6月まで大幅な下げ局面へ入っています。上昇しやすい時期に価格が大きく下げ、年初の安値を下回ったことにより、4月7日の戻り高値1万7563円は、投資家がこれ以上へ行き難い値位置だということを共通の認識として持てる値位置になりました。

　ただ、6月から9月までの下げやすい時期に株価が下げなかったことで、6月の安値付近が翌年4月頃までの底値だということがはっきりしたため、2006年11月下旬以降、上昇が勢いづき、戻り高値1万7563円を超えています。

　2007年が投資家に上値を強く意識されている2006年4月7日の高値1万7563円を大きく上回る展開になるなら、2007年は3月以降に上昇が勢いづく可能性がありましたが、そうならずに上値を抑えられて、6月までで2月の高値1万8300円を超えられなかったため、その後の価格が下落して、2008年の急落へと結びついています。

　2006年前半に市場全体が弱気ムードの強かったなかで、ニコンは、2006年の年初の安値付近を7月まで維持

したことで、5月22日につけた戻り高値が強く意識されている水準ではないことがはっきりしました。つまり上昇を開始すれば、2340円を大きく上回る可能性が十分にあると判断できる状況になっていました。

　価格は7月以降に上昇を開始した後、9月末頃には戻り高値2340円を超えて、その後大幅な上昇局面へ入っています。

LESSON 10-5

その他の市場全体の強弱と個別銘柄の株価予測のポイント

　日経平均の1年間の強弱は、市場全体に積極的な資金が多く入っているかどうかで分かれているので、当然、1年間が強気パターンになっている年のほうが、個別銘柄の価格は下がり難く、上がりやすくなります。

　日経平均の1年間が弱気パターンになるなら、市場全体の積極的な資金量が限られるので、個別銘柄の価格は下がりやすく、上がり難くなります。

　ただ、市場全体が弱気ムードとなっていても、価格を変動させて利益を得ようとする側がまったくいなくなるわけではないので、価格が上下へ動くのですが、その際、上昇へ向かう銘柄が少ない分だけ、強気の流れができている銘柄へ資金が一時的に集中しやすい状況ができているともいえます。そのため、市場全体が弱気の年は、特定の銘柄の上昇が勢いづく場合があります（この場合、採用銘柄以外の銘柄に人気が集中する場合が多いようです）。その反面、人気が集中しても、その流れが長く続かず、強気の流れをつくっている銘柄ほど、価格が上下に大きく振れる場合があります。

PART 10 のポイント

- 日経平均が10月頃から上昇して、4月、6月頃に高値をつけることが多いため、市場全体がその年に強気に推移する場合、採用銘柄の各銘柄もその動きの影響を大きく受けるが、個別要因で日経平均とは異なる季節性を持っているものもある。

- 個別銘柄の値動きを1年程度の期間で予想するとき、市場全体と個別銘柄の方向の強弱、季節傾向の強弱を組み合わせて売買するだけでも、安定した利益を上げることができる。

- 日経平均が上昇を開始する時期に、日経平均よりも前に採用銘柄が上昇を開始する場合、その上昇が長く継続する可能性がある。日経平均が下げ傾向のある時期に、日経平均よりも先に個別銘柄が下降を開始する場合、その下げは長く継続する可能性がある。

- 市場全体が弱気の年は、特定の銘柄の上昇が勢いづく場合がある（ただし、日経平均採用銘柄以外の銘柄に人気が集中する場合が多い）。

●おわりに

　株価の動きに影響を与える材料は、派生的なものを加えれば際限がありません。さまざまな情報を見聞きして、有効な結果を導き出そうと駆使しますが、投資では、あいまいな情報がいくらあっても意味がありません。
　高確率で株価を予測できるテクニカル指標のサインを見つけたとしても、その確率が今後も続くのか、疑いたくなります。少しでも疑わしいと感じた時点で、実戦で使うことはできないのです。勝つためには、信じ通すことのできる強い心（メンタル）が必要です。強い心がなければ、予測がどんなに当たっていようとも、その予測に乗ることなどできないのです。

　では、信じ通すことができる事象とは何でしょうか。それは、人がつくり出した仕組みによって成り立っているからこそあらわれる事象です。
　とくに、強い意志を持って、目標を達成しようと積極的に行動している人の場合、とるべき行動が限られているので、その人がどのような行動を行なうかについて、事前に推測することができます。また、積極的な行動によって、目標を達成できるか否かについて、日程が迫ってくると、おおまかにわかります。
　すなわち、人が積極的に行動しているときだけ、未来を予測できる場面があるのです。

株式相場においても、「そのような場面がある」ということを大前提として、本書は書かれています。
　この世界には、普遍的といってもいい事象があります。モノが上から下へ落ちるというようなことです。金融市場にも、そのような事象があると私は考えています。それは、お金の量を増やしたり減らしたりすることであり、お金が移動した先では当然、需要が高まって価格が上がるという事象です。
　中央銀行がお金の量を増やせば、投資に回るお金が増えます。政府が積極的にお金を使えば、その年はお金の回りがよくなりやすく、景気が上向き、GDPが増えます。
　金利が上昇すれば、株よりも債券のほうへお金が回りやすくなります。
　仕事として投機を行なっている人は、必ず一定の儲けを出そうとします。
　このような金融市場で当たり前の理屈に則ると、その先に起こる事象を事前に推測することができます。
　予測できる未来があるとするなら、人がやることと、人のつくった仕組みによって必然的にそうなってしまう事象だけなのです。そのことを十分に理解したうえで、大切なお金の投資先を選択していただければと思います。

　シグマベイスキャピタルの講座では、それぞれの講師が金融市場の当たり前の常識から深い話まで、知っておきたい情報をわかりやすく解説しています。
　興味のある方は、https://www.sigmabase.co.jp/のホームページをご覧ください。

伊藤 智洋（いとう　としひろ）
証券会社、商品先物調査会社のテクニカルアナリストを経て、1996年に投資情報サービス設立。株や商品先物への投資活動を通じて、相場予測の有効性についての記事を執筆。株価、商品、為替の市況をネット上で配信中。
公式HP　https://ptrend.net/

- まぐまぐにてメールマガジン「少額投資家のための売買戦略」を配信中
  https://www.mag2.com/m/0001672612.html
- シグマベイスキャピタル株式会社にて、eラーニング講座「テクニカル・ファンダメンタル　コンビネーション分析コース」講師を担当
  https://www.sigmabase.co.jp/

【主な著書】
『チャートの救急箱――実戦相場への処方箋』（投資レーダー社）／『株価チャートの実戦心理学――もう迷わないダマされない自信がつく』『チャート革命――高確率パターン投資法』（以上、東洋経済新報社）／『〈儲かる！　株の教科書〉テクニカル指標の読み方・使い方』『〈入門　株の実践書〉株価チャート／テクニカル分析で儲ける！』『株は1年に2回だけ売買する人がいちばん儲かる』『〈儲かる！相場の教科書〉ローソク足チャート　究極の読み方・使い方』（以上、日本実業出版社）／『商品先物市場で儲かる原則　知っていれば勝てるパターンがあった』（同友館）／『株の値動きは4回のうち3回当てられる』（KADOKAWA）

勝ち続ける投資家になるための
株価予測の技術［決定版］
2018年12月10日　初版発行

著　者　伊藤智洋　©T.Ito 2018
発行者　吉田啓二
発行所　株式会社日本実業出版社　東京都新宿区市谷本村町3-29　〒162-0845
　　　　　　　　　　　　　　　　　大阪市北区西天満6-8-1　〒530-0047
　　　　編集部　☎03-3268-5651
　　　　営業部　☎03-3268-5161　　振　替　00170-1-25349
　　　　　　　　　　　　　　　　　https://www.njg.co.jp/

印刷／理想社　　製本／共栄社

この本の内容についてのお問合せは、書面かFAX（03-3268-0832）にてお願い致します。
落丁・乱丁本は、送料小社負担にて、お取り替え致します。
ISBN 978-4-534-05649-8　Printed in JAPAN

日本実業出版社の本 投資・経済関連書籍

好評既刊!

定価変更の場合はご了承ください。

伊藤智洋 著
定価 本体1500円（税別）

テクニカル分析の第一人者が長年の研究によってローソク足のパターンの弱点を克服し、相場で儲けるために必要十分なものだけを選び、読み方から具体的な仕掛け方まで明らかにした究極の解説書。

土屋敦子 著
定価 本体1600円（税別）

外資系証券の日本株運用責任者などを歴任し、現在は自らの運用会社を通じてヘッジファンド戦略による運用を行なう現役ファンドマネジャーが、株式相場のしくみやプロの投資ノウハウを解説！

工藤哲哉 著
定価 本体1500円（税別）

精強な自己売買部門で知られる山和証券の現役ディーリング部長が「プロが一人前に飯を食うためのマニュアル」としてまとめたのが本書。トレードノウハウからメンタルコントロールまでが体系的にわかる！

杉村富生 著
定価 本体1400円（税別）

株の基本から投資法、古より伝わる格言まで、豊富な図解とわかりやすい解説によって網羅した入門書のスタンダード。すべての株式投資家と、ビジネスで株式にかかわる実務家の座右の書。